WISSENSCHAFTLICHE BEITRÄGE
AUS DEM TECTUM VERLAG

Reihe Sozialwissenschaften

WISSENSCHAFTLICHE BEITRÄGE
AUS DEM TECTUM VERLAG

Reihe Sozialwissenschaften

Band 75

Felix Manuel Nuss

Wie viel Wille ist gewollt?

Beitrag zum philosophischen Verständnis
von Selbstbestimmung und Willensfreiheit
im Kontext Sozialer Arbeit

Tectum Verlag

Felix Manuel Nuss

Wie viel Wille ist gewollt? Beitrag zum philosophischen Verständnis von Selbstbestimmung und Willensfreiheit im Kontext Sozialer Arbeit
Wissenschaftliche Beiträge aus dem Tectum Verlag:
Reihe: Sozialwissenschaften; Bd. 75

ISBN: 978-3-8288-3896-3

ISSN: 1861-8049

Druck und Bindung: CPI buchbücher.de, Birkach
Printed in Germany

Besuchen Sie uns im Internet
www.tectum-verlag.de

Bibliografische Informationen der Deutschen Nationalbibliothek
Die Deutsche Nationalbibliothek verzeichnet diese Publikation in der Deutschen Nationalbibliografie; detaillierte bibliografische Angaben sind im Internet über http://dnb.ddb.de abrufbar.

ZUSAMMENFASSUNG

Selbstbestimmung ist in der Sozialen Arbeit ein allgegenwärtiger Begriff. Für professionelle Kräfte ergibt sich jedoch ein Dilemma: Sie sollen einerseits normalisierend auf ihren Gegenüber einwirken und ihn zugleich nach aller Möglichkeit dabei unterstützen, sein Leben möglichst selbstbestimmt und nach seinem eigenen, freien Willen zu gestalten.

Mithilfe eines einführenden philosophischen Diskurses zu Willensfreiheit und Selbstbestimmungsfähigkeit des Menschen zeigt Felix Manuel Nuss, welches Vermögen und welche Rahmenbedingungen für die Entwicklung eines selbstbestimmten Lebens notwendig sind und welche Potenziale sich daraus für die Soziale Arbeit ergeben. Den Menschen als ein zur Freiheit fähiges Individuum begreifend, wird ein Brückenschlag zur Philosophie des Existenzialismus gewagt und ein emanzipatorischer Konzeptansatz gezeichnet, der den freien Willen des Menschen als den zentralen Ausgangspunkt Sozialer Arbeit definiert.

Felix Manuel Nuss (Dipl.-Sozialpädagoge/Sozialarbeiter, M.A. Soziale Arbeit/Community Work) promoviert zum Thema des freien Willens und der Sozialraumorientierung.

Er ist freiberuflicher Dozent für Soziale Arbeit und Teil des Koordinatorenteams des Co-Curricula Educational Program der Berlin Metropolitan School.

„Das Leben jedes Menschen ist ein Weg zu sich selber hin,
der Versuch eines Weges, die Andeutung eines Pfades.
Kein Mensch ist jemals ganz und gar er selbst gewesen;
jeder strebt dennoch, es zu werden,
einer dumpf, einer lichter, jeder wie er kann."
(Hermann Hesse 1980, S. 8)

INHALT

1. EINLEITUNG

Professionelle Soziale Arbeit[1], wie es sie seit ihrem Beginn vor einem Jahrhundert gibt, basiert auf humanitären und demokratischen Idealen. Diese Werte resultieren aus dem Respekt vor der Gleichheit und Würde aller Menschen. Soziale Arbeit konzentriert sich auf die menschlichen Bedürfnisse und unterstützt vorrangig die Entwicklung ihrer Stärken. Dabei dienen soziale Gerechtigkeit und die Orientierung an den Menschenrechten als Motivation für sozialarbeiterische Handlungen und sind Grundlage für jegliches Handeln von Sozialer Arbeit als Beruf.

> „The social work profession promotes social change, problem-solving in human relationships and the empowerment and liberation of people to enhance well-being. (…)" (vgl. IFSW 2007).

Hier wird herausgestellt, dass professionelle Soziale Arbeit – neben der Förderung des sozialen Wandels und der Lösung von Problemen in zwischenmenschlichen Beziehungen – Menschen befähigt, in freier Entscheidung ihr Leben besser zu gestalten. Nach freiem Willen über sein Leben entscheiden zu können, bedeutet *Selbstbestimmung*.

Nur in wenigen konzeptionellen Grundlagen – und da scheint es egal zu sein, in welchem sozialpädagogischen Handlungsfeld man sich bewegt – wird auf den „Konjunkturbegriff" Selbstbe-

1 Soziale Arbeit meint heute fast durchgängig jeweils Sozialarbeit und Sozialpädagogik, auch wenn die historischen Wurzeln different betrachtet werden müssen (vgl. Schilling/ Zeller 2007, S. 113ff.; Thole 2005, S. 16). Im Folgenden wird zuweilen dennoch von Sozialarbeit oder Sozialpädagogik gesprochen. Dies hat sprachpragmatische, keineswegs abgrenzende oder inhaltliche Gründe.

stimmung verzichtet. Trotz der Allgegenwärtigkeit des Begriffs wird dieser allerdings häufig unscharf und zuweilen schlicht und ergreifend falsch als das, was mit dem „Ich" zu tun hat, genutzt.

Das Recht auf Selbstbestimmung ist ein zentrales Recht für alle Wesen auf der Erde, insbesondere für alle mündigen Menschen, unabhängig von Geschlecht, Hautfarbe, Nationalität oder Religion. Es kann direkt von der „Grundlage des Seins" abgeleitet werden und findet seinen Ausdruck in den Prinzipien der Menschenrechte, die heute fast weltweit Geltung finden und die von einer zunehmenden Zahl an Akteuren in der Profession und Disziplin Sozialer Arbeit als leitend angesehen werden (vgl. Narr 2005; Staub-Bernasconi 1995, 2015).

Nicht immer war es ein Selbstverständnis in der Menschheitsgeschichte, von einem „dem Menschen von Haus aus zukommenden Rechtsanspruch auf Freiheit[2] und Freiheiten" (Ruhloff 1979, S. 107) auszugehen. Bezugspunkt ist die Vorstellung vom Menschen als vernunftbegabtes und grundsätzlich zur Selbstbestimmung ausgestattetes Wesen, was in der Zeit der Aufklärung seine gesamtgesellschaftliche Akzeptanz gefunden hat und gegen tradierte Herrschaftsformen von Kirche und Staat gestellt wurde. Immanuel Kant (1724–1804), der zentrale Repräsentant der Epoche der Aufklärung in Deutschland, bezeichnet die Aufklärung als den „Ausgang des Menschen aus der selbstverschuldeten Unmündigkeit" und setzt mit seiner zentralen Parole „Habe Mut, dich deines eigenen Verstandes zu bedienen" den Beginn in der deutschen Geschichte, dass jeder[3] (s)einen Prozess der Selbstbefreiung einleiten und realisieren soll und kann (vgl. Kant 1784, S. 481f.). Sichtbar wird, dass das Paradigma Selbstbestimmung eine Errungenschaft der durch die Aufklärung ausgelösten Moderne ist, wobei die Selbstbestimmung als Recht Geltung für alle Menschen findet und zum Grundbestand der westlichen Zivilisation gehört. Nach Kant werden jedem Subjekt eine Eigen-

2 Im Folgenden wird der Begriff „Freiheit" als alleinstehende Bezeichnung für eine äußere Freiheit – Freiheit des Handelns (Handlungsfreiheit) – verwendet. Geht es um die Freiheit des Willens, so wird von der inneren Freiheit des Individuums oder Willensfreiheit gesprochen (vgl. Kapitel 2.1).

3 Wenn hier die Rede von „jeder" ist, ist gleichermaßen auch „jede" gemeint. In den Ausführungen dieses Buches wird aus stilistisch-sprachlichen Gründen auf die explizite Ausführung der weiblichen Form verzichtet.

verantwortung, die Möglichkeit „der Bestimmung des Willens durch die individuelle Vernunft" und die „Ausstattung mit grundsätzlichen Fähigkeiten", zugeschrieben, die der Umwelt jede manipulative Fremdbestimmung – den Gebrauch ihrer Person als „bloßes Mittel" und nicht auch als „Zweck an sich" – verbietet (vgl. ebd.). Diese grundlegende Haltung kann als „Befreiung aus Abhängigkeiten aller Art" (Maurer 2005, S. 373) gelesen werden und verpflichtet Akteure im Handlungsfeld Sozialer Arbeit, ihr Handeln direkt an den Interessen und dem Willen des Gegenübers auszurichten und so die selbsthelfenden Kräfte sowie die Eigeninitiative im Sinne einer nachhaltig stabilisierenden Hilfe zur Selbsthilfe zu fördern (vgl. Bestmann 2008, S. 85). Jegliche „manipulativen, technizistischen oder auch fürsorglich belagernden Handlungsstrategien" (Weber 2006, S. 7) verbieten sich durch das professionsethische Prinzip der Selbstbestimmung und Selbstermächtigung von selbst (vgl. Nuss 2013).

In der modernen Gesellschaft, die durch „Individualisierung" und „Pluralisierung" geprägt ist (Beck 2007), trägt der einzelne Mensch persönliche Verantwortung für die Ausgestaltung der eigenen Lebensbiografie. Nicht mehr nur Armut, Verwahrlosung und unmittelbare Bedürftigkeit rufen einen Bedarf nach Unterstützung hervor, sondern auch – und gerade – allgemeine Desintegration und „vorenthaltene Partizipations- und Selbstentfaltungsbedürfnisse" (Thole 2006, S. 446). Soziale Arbeit hat somit den Auftrag, sich in ihren Handlungen sowohl auf den einzelnen Menschen als auch auf dessen Umwelt und die beeinflussenden Strukturen zu konzentrieren, und findet ihr Wesen in der aktiven Unterstützung von Subjektivierungsweisen in Fällen sozialer Problemlagen (vgl. Kessl/Otto 2006, S. 442). Dabei sind die Anerkennung des „in Beziehung Stehens" des Menschen mit seiner Umgebung und die wechselseitige Einflussnahme von und auf die Umwelt grundlegend. „Selbstbestimmter und gelingender" (Thiersch 2003) kann der Alltag nur werden, wenn neben dem Fokus auf die Stärkung des Subjektes auch die beeinflussenden Rahmenbedingungen und Teilhabechancen aktiv beeinflusst werden. Es müssen „Verwirklichungschancen" (Sen 2000) vorhanden sein, um eine Willensumsetzung zu realisieren. Der Fokus auf die gesellschaftlichen Rahmenbedingungen spielt für eine Soziale

Arbeit, die sich am Willen der Adressaten[4] ausrichtet, aus noch einem weiteren Grund eine wichtige Rolle: Der menschliche Wille ist eingebettet in eine Lebensgeschichte und durch die äußeren Rahmen und sozialen Strukturen bedingt.

Hat der Mensch demnach aber überhaupt die Möglichkeit, einen freien Willen zu entwickeln, wenn dieser doch durch die äußeren Einflüsse (mit)bestimmt ist? Wie sieht sozialarbeiterischer Umgang mit dem möglichen oder nicht möglichen freien Willen folglich aus? Können Selbstbestimmung und Willensfreiheit vor dem Hintergrund des Kontrollmandats überhaupt ins Zentrum des eigenen Handelns gerückt werden? Und, wenn Soziale Arbeit „Selbstbestimmung" wirklich fokussieren kann, wie kann sozialpädagogische Unterstützung im Zielhorizont der „Befähigung von Menschen, in freier Entscheidung ihr Leben besser zu gestalten" demnach aussehen?

In dem vorliegenden Buch wird auf idealtypische Art und Weise das emanzipatorische Wesen der professionellen Sozialen Arbeit mit der Orientierung an Selbstbestimmung und subjektiver Willensfreiheit herausgestellt.

Dabei werden in einem ersten Schritt die Begrifflichkeit Selbstbestimmung und die Utopie einer totalen Willensfreiheit beleuchtet (Kapitel 2). Es geht um eine historisch-philosophische Herangehensweise, die eine innere Selbstständigkeit des Subjektes fokussiert (Kapitel 2.1) und dabei die komplexe Problematik eines totalen Determinismus der totalen Willensfreiheit gegenüberstellt (Kapitel 2.2). Die existenzphilosophischen Ausführungen der französischen Tradition und das vorrangig von Jean-Paul Sartre formulierte Ideal des stets möglichen Entwurfs zur individuellen

4 Die Bezeichnung „Adressat" scheint dem Autor für die folgenden Ausführungen eines emanzipatorischen Konzeptansatzes Sozialer Arbeit am treffendsten, um die Asymmetrie des Verhältnisses *zwischen* Sozialarbeiter und seinem Gegenüber möglichst aufzuheben. Während die Positionen in der Klientenbeziehung nicht getauscht werden können („Klient sucht Schutz beim Patron"), ist dies zwischen Absender und Adressat prinzipiell möglich (Es kann „von Gleich zu Gleich versendet" werden und das nicht nur in eine Richtung) (vgl. Großmaß 2011, S. 3). Gerade in Bezug auf Selbstbestimmung und willensorientiertes Arbeiten gilt es, nicht Experte für die Welt des Gegenübers zu sein, sondern im diskursiven Prozess auf Augenhöhe zugleich Sender und Adressat sein zu können.

Freiheit werden in einem Exkurs besonders beleuchtet (Kapitel 2.3). Diese Perspektive der inneren Freiheit wird dadurch, dass der Mensch ein soziales Wesen ist und für ein Leben in Freiheit auch eine entsprechende gesellschaftliche Ordnung benötigt, durch die Ebene der äußeren Freiheit erweitert. „Was sind die äußeren Faktoren für ein selbstbestimmtes Leben?“, ist die Kernfrage dieses Kapitels (Kapitel 2.4).

Folgen wird ein Freiheitsbegriff des Philosophen Peter Bieri, der Freiheit als ein „Handwerk“ versteht, sich trotz Eingebundensein in ein System von Bedingungen ein Urteil bilden und einen eigenen Willen aneignen zu können (Kapitel 3). Dieses Verständnis von Willensfreiheit wird in dieser Arbeit als leitender Selbstbestimmungsbegriff der inneren Freiheit markiert und in einem später folgenden Kapitel auf das emanzipatorische Wesen Sozialer Arbeit bezogen und ausgeführt (Kapitel 5.2).

In Kapitel 4. wird das Wesen der Sozialen Arbeit als sozialpolitisches Instrument beleuchtet (Kapitel 4.1). In der Verpflichtung gegenüber den Bedürfnissen des Individuums sowie der Mikrosysteme, den Bedingungen des staatlichen Rechtssystems und der aktuellen Sozialpolitik und als Drittes der Orientierung an der allgemeinen Erklärung der Menschenrechte, wird das widersprüchliche Feld von Einflussnahme und Einflussmöglichkeiten angesprochen (Kapitel 4.2). Hier wird sichtbar, wie paradox sich der Auftrag Sozialer Arbeit zwischen „Normalisierung“ und Fokussierung auf die „Freiheit zur subjektiven Selbstbestimmung“ verhält (Kapitel 4.2.1) und dass die Orientierung an den Menschenrechten der Sozialen Arbeit eine Legitimation bieten kann, das Prinzip der Selbstbestimmung zu fokussieren (Kapitel 4.2.2).

Im Folgenden wird der Sozialen Arbeit *ein* zentraler Auftrag gegeben: Menschen bei der Aktivierung ihrer subjektiven Kräfte zu unterstützen und Verwirklichungschancen hierfür zu schaffen, mit denen das professionsethische Prinzip der Selbstbestimmung wachsen kann (Kapitel 5.1). Dieser Auftrag wird auf den Ebenen der inneren Freiheit (Kapitel 5.2) und der äußeren Freiheit (Kapitel 5.3) konkretisiert. Anschließend, in Kapitel 6., folgt ein Bezug zum Fachkonzept Sozialraumorientierung und ihrem zentral verankerten Prinzip der „Orientierung am Willen der Menschen“.

Abschließend erfolgt eine Zusammenfassung der Ergebnisse mit einer Reflexion auf die einleitend gestellten Fragen (Kapitel 7).

2. WAS BEDEUTET SELBSTBESTIMMUNG?

2.1 Allgemeiner Definitionsversuch

Selbstbestimmung: Diese Grundvokabel der Aufklärung, die heutzutage in Autowerbungen, Prospekten von Kirchen und nicht zuletzt in den meisten Konzepten sozialpädagogischer Institutionen zu finden ist, hat eine positiv behaftete Bedeutung und findet leidenschaftliche Zustimmung. Aber wird der Begriff auch als das verstanden, was er wirklich bedeutet?

Selbstbestimmung heißt, nach freiem Willen über sein Leben entscheiden zu können, und wird häufig mit Entscheidungsfreiheit, Autonomie, Ungebundenheit und Unabhängigkeit gleichgesetzt (vgl. Herriger 2006, S. 8). Erstmals wurde der Begriff der Selbstbestimmung ausdrücklich und mit weitreichenden systematischen Erwartungen von Pico della Mirandola verwendet (vgl. Gerhardt 2007, S. 107ff.). Der noch junge Renaissance-Autor griff die Tugend-Konzeptionen der Antike auf und versucht sich an einer Synthese aller großen philosophischen Schulen. Dabei wirkte die angestoßene Diskussion des Begriffs anregend auf die Philosophie des Humanismus. In der politischen Philosophie des 17. und 18. Jahrhunderts fand der Begriff Eingang in viele europäische Sprachen und im Übergang zum 19. Jahrhundert wurde er bei Immanuel Kant, Johann Gottlieb Fichte und Georg Wilhelm Friedrich Hegel grundlegend für Ethik und Politische Theorie. Im 20. Jahrhundert erweiterte er zunächst das Vokabular des Völkerrechts, ehe er in den bioethischen Debatten mit Beginn des neuen Jahrtausends zu einem Zentralbegriff der Verständigung in unterschiedlichsten Disziplinen avanciert ist (vgl. ebd.).

Heute wird Selbstbestimmung in der Politik und Soziologie als Unabhängigkeit des Einzelnen von jeder Art von Fremdbestimmung bezeichnet. In dieser Definitionsart wird der Fokus auf *äußere Freiheiten* gesetzt, auf eine Freiheit von (äußerer) Fremdbestimmung, zum Beispiel durch gesellschaftliche Zwänge, staatliche Gewalt oder politische Unterdrückung (vgl. Brockhaus 2005). Äußere Freiheit ist eine soziale Größe und umfasst rechtliche, soziale und politische Umstände. Sie ist auf die Möglichkeit von freien Handlungen bezogen (Handlungsfreiheit). Diese Abwesenheit von äußeren Behinderungen bezeichnet der russisch-britische Philosoph Isaiah Berlin (1909–1997) als negative Freiheit. „Niemand schränkt mich ein, mir stehen alle Türen offen" (vgl. Berlin 2006, S.18f.). Es ist die Freiheit *von* etwas. Berlin unterscheidet zwischen negativer und positiver Freiheit (ebd.).[5]

Positive Freiheit ist die Freiheit *zu* etwas. Diese philosophische Herangehensweise an den Begriff Selbstbestimmung lenkt den Fokus auf eine *innere Freiheit*. Dabei soll die Unabhängigkeit des Individuums als die von eigenen Trieben und Begierden gedacht werden. Demnach geht es nicht mehr um die Unabhängigkeit den Anderen gegenüber, sondern um die Fähigkeit, über sich selbst zu bestimmen. Es geht um den Einfluss auf die eigene Innenwelt, „auf die Dimension des eigenen Denkens, Wollens und Erlebens", aus der heraus sich meine eigenen Handlungen ergeben (vgl. Bieri 2011, S. 9). Der Mensch hat seine inneren, ihm zur Verfügung stehenden Kräfte zu nutzen, um sich von Zwängen zu befreien und sie stattdessen durch rationale Wahl zu ersetzen (vgl. ebd.). Freiheit bedeutet nach dem kanadischen Kommunitaristen Charles Taylor nicht bloß das Fehlen äußerer Hindernisse, sondern die Fähigkeit, eigene, selbst gesetzte Ziele zu verfolgen (vgl. Vasek 2012, S. 20).

„Frei dem eigenen Willen gemäß" zu handeln, rational wählen zu können, setzt somit Fähigkeiten des Subjektes voraus. Mit „Wille" wird die Fähigkeit des Menschen bezeichnet, sich bewusst für ein Verhalten zu entscheiden und ein Ziel anzustreben. Nach dem Berliner Philosophen und Ethiker Volker Gerhardt ist der

---

5 Es handelt sich hierbei um eine Formulierung, die auch schon von Friedrich Nietzsche verwendet wurde und letztlich auf Benjamin Constant beziehungsweise seinen Aufsatz *„Über die Freiheit der Alten im Vergleich zu der der Heutigen"* zurückzuführen ist (vgl. Constant 1972; Berlin 2010).

menschliche Wille „die Entschlossenheit, etwas Bestimmtes zu tun" (Gerhardt 2007, S. 265).

> „Wille: Das Vermögen der Person, sich bewusst ein Ziel zu setzen, gegenüber anderen möglichen Zielsetzungen an dieser bestimmten in freier Entscheidung festzuhalten und alle eigenen Kräfte für die Erreichung dieses Zieles einzusetzen. Diese Momente des Wollens setzen voraus, dass das, was so Ziel für den Menschen wird, zum einen vorher in seinem Wert erkannt und geschätzt wird und zum anderen in unmittelbarer Beziehung steht zur Selbstverwirklichung des Wollenden. [...] Die Selbstverwirklichung ist notwendiges freies, der Willensentscheidung überlassenes Ziel." (Halder/Müller 1988, S. 346, nach Raspel 2014, S. 67)

Die Willensaktivität wird dementsprechend zu den kognitiven Fähigkeiten gerechnet und Selbstbestimmung somit an die Ausprägung von kognitiven Fähigkeiten gebunden. Da Selbstbestimmung nach Keller und Novak die „freie Verfügbarkeit über sich selbst und sein Verhalten" (1993, S. 313) bedeutet, heißt Selbstbestimmung also, nicht nur selbst über seine Handlungen und sein Verhalten zu entscheiden, sondern auch über den eigenen Körper insgesamt bestimmen zu können. Somit ist Selbstbestimmung die Fähigkeit des Menschen, selbst Entscheidungen über sein Handeln, sein Verhalten und seinen Körper zu treffen.

Untersagte Selbstbestimmung bedeutet Fremdbestimmung durch andere (einzelne Personen oder autoritäre Systeme), die für sich selbst beanspruchen zu wissen, dass die fremdbestimmte Person aufgrund unterschiedlicher Faktoren nicht in der Lage ist, verantwortungsvolle Entscheidungen ihr eigenes Leben betreffend zu fällen. Gerade in sozialpädagogischen Settings ist die Gefahr von Bevormundung und Fremdbestimmung aufgrund der Auftragslage Sozialer Arbeit, die sich zwischen „Lebenswelt und System" bewegt (vgl. Kapitel 4.2.1), gegeben. Auch auf der Mikroebene, in der Beziehungsarbeit zwischen Sozialpädagoge und Adressat, ist die Gefahr von untersagter Selbstbestimmung stetig präsent. Die professionell in der Sozialen Arbeit tätigen Akteure stehen immer in der Gefahr einer wohlmeinenden parternalistischen Haltung, indem das tatsächliche Wollen des Einzelnen unter Berufung auf ein höheres Gut übergangen wird (vgl. Raspel 2014, S. 70). Im Raum der sozialpädagogischen Handlungsfelder steht folgende Frage: Wie schaffe ich es, dass aus Hilfe keine Abhängigkeit wird, die der Selbstbestimmung und freien Willensbekundung des Gegenübers zuwiderläuft und diese schwächt (vgl. Kapitel 4.1)? Hier hat Soziale Arbeit spezifische Antworten zu finden, die die Stärkung der individuellen Adressatenkräfte fokussieren (vgl. Kapitel 5).

Das Recht auf freie Willensentscheidung ist ein grundlegendes Recht für alle Menschen. Gerade vor dem Hintergrund, dass eine nicht unerhebliche Zahl von Akteuren die Soziale Arbeit als Menschenrechtsprofession zu definieren versucht (vgl. u.a. Staub-Bernasconi 2015), muss die Willensorientierung zentral formuliert werden (vgl. Kapitel 4.2.2). Denn das Recht auf Selbstbestimmung wird in den Menschenrechten hervorgehoben. Als Menschenrechte werden subjektive Rechte bezeichnet, die jedem Menschen gleichermaßen zustehen. Das Konzept der Menschenrechte geht davon aus, dass alle Menschen allein aufgrund ihres Menschseins mit gleichen Rechten ausgestattet und dass diese egalitär begründeten Rechte universell, unveräußerlich und unteilbar sind. Die Idee der Menschenrechte ist eng verbunden mit dem Humanismus und der im Zeitalter der Aufklärung entwickelten Idee des Naturrechtes (vgl. Rieger 2007, S. 498). Das Bestehen von Menschenrechten wird heute von fast allen Staaten prinzipiell anerkannt. Jeder Mensch und jede Gruppe hat demnach das Recht, seine bzw. ihre eigenen Angelegenheiten frei und ohne die Einmischung von anderen – insbesondere von staatlichen Stellen – zu regeln. In Deutschland wird dieses Recht vor allem durch Artikel 2 Absatz 1 in Verbindung mit Artikel 1 Absatz 1 Grundgesetz[6] geschützt. Jedem Menschen wird darin das Recht auf die „freie Entfaltung seiner Persönlichkeit" garantiert, soweit er die Rechte anderer nicht verletzt und nicht gegen die verfassungsmäßige Ordnung oder das Sittengesetz verstößt (vgl. Narr 2005, S. 1186). Somit sind zwei weitere Komponenten mit Selbstbestimmung verknüpft: Selbstbestimmung führt einerseits zur Selbstverantwortung und andererseits kennt sie Grenzen.

---

6 Grundgesetz:

Artikel 1 Absatz 1: Die Würde des Menschen ist unantastbar. Sie zu achten und zu schützen ist Verpflichtung aller staatlichen Gewalt.

Artikel 2 Absatz 1: Jeder hat das Recht auf die freie Entfaltung seiner Persönlichkeit, soweit er nicht die Rechte anderer verletzt und nicht gegen die verfassungsmäßige Ordnung oder das Sittengesetz verstößt.

Wenn ich frei entscheiden kann, was ich tue oder nicht tue, dann bin ich konsequenterweise auch für die Folgen dieser Entscheidungen selbst verantwortlich. Das Selbstbestimmungsrecht darf nicht mit Willkür oder einem reinen „ich-bezogenen" Denken oder Handeln gleichgesetzt werden. Freiheit kann als souveräne Verfügung über einen individuellen Handlungsspielraum verstanden werden, der dort an Grenzen stößt, wo die Handlungsspielräume anderer berührt werden. Laut Georg Theunissen und Wolfgang Plaute sind folgerichtig zwei praktische Grundpositionen von Selbstbestimmung auszumachen:

Einerseits ist dies die „individualistische Kategorie", in der also ein „rigider Egoismus und Individualismus" im Vordergrund stehen (Theunissen/Plaute 1995, S. 54). In dieser Position wird die eigene Bedürfnisbefriedigung, ohne Rücksichtnahme auf die Mitmenschen, fokussiert. Diese Art von Selbstbestimmung führt zwangsläufig dazu, dass etwa die leistungsschwächeren Mitglieder der Gesellschaft den stärkeren zunehmend unterliegen und letztendlich sich selbst überlassen bleiben.

Andererseits ist mit der „sozialen Kategorie" gerade nicht die Freisetzung von sozialen Bindungen gemeint. Hier ist Selbstbestimmung von Grenzen gegenüber anderen Menschen geprägt und dies führt zur hohen Selbstverantwortung. Frei zu sein bedeutet, für seine Handlungen verantwortlich gemacht werden zu können. Mit der „sozialen Kategorie" von Selbstbestimmung ist autonomes Handeln in der „Beziehung zum Du" gemeint (vgl. ebd.). Der entscheidende Unterschied liegt also darin, dass in dieser Begriffsbestimmung andere Menschen – und die Beziehung zu ihnen – beim Treffen von Entscheidungen berücksichtigt werden (vgl. ebd.).

Nach Kant unterliegt der Gebrauch der Freiheit dem kategorischen Imperativ – also stets nach derjenigen Maxime zu handeln, von der man wollen kann, dass sie allgemeines Gesetz werde (vgl. Kant 1798, S. 508). Zur Freiheit gehöre nach Kants Auffassung nicht die Freiheit, das Irrationale zu tun, schreibt Berlin: Wenn mir ein Gesetz verbietet, was ich als Vernunftwesen unmöglich wollen kann, so ist das keine Einschränkung meiner Freiheit (vgl. Berlin 2006, S. 20). Wahre Freiheit besteht nach Kant genau darin, dass das Subjekt seine ungezügelte Freiheit aufgibt, um sich dem moralischen Gesetz zu unterwerfen.

> „Handle äußerlich so, dass der freie Gebrauch deiner Freiheit mit der Freiheit von jedermann nach einem allgemeinen Gesetz zusammen bestehen könne." (Kant 1798, S. 508)

Freiheit darf und muss also auch eingeschränkt werden – nämlich dann, wenn ein bestimmter Gebrauch der Freiheit die Freiheiten anderer beschränkt (vgl. Berlin 2006, S. 20f.).

Damit stoßen wir auf einen Bereich, der beim Thema „Selbstbestimmung und Soziale Arbeit" unumgänglich mitgedacht werden muss. Der Mensch ist eingebettet in eine Lebensgeschichte und in soziale Strukturen, die eine „totale Freiheit des Willens" unmöglich machen, da der Mensch durch die Außenwelt mitbestimmt ist und diese ihm Grenzen in der Willensumsetzung setzt. Denkt man Selbstbestimmung für eine handlungsorientierte Wissenschaft wie die der Sozialen Arbeit, so kann dies nur in der „sozialen Kategorie" getan werden: in dem Wissen um Grenzen, wo die Rechte Anderer Beachtung finden müssen, mit dem Bewusstsein, dass Selbstbestimmung zur Selbstverantwortung führt, und dem Wissen darum, dass die Geschichte eines Menschen die Geschichte von Vorbedingungen ist. Wenn im Folgenden von dem „freien Willen" gesprochen wird, so sind die angeführten Faktoren mitgedacht.

2.2 „Von der Utopie einer totalen Willensfreiheit" – Selbstbestimmung und Individuum: Innere Freiheit

Dass wir Zwängen unterliegen, ist eine Binsenweisheit. Ob diese Zwänge biologischer Natur sind, so wie Hunger und Durst, ob es gesellschaftliche Zwänge sind, wie gesetzliche Gebote, Verbote und Konventionen, denen wir „ausgeliefert" sind, oder ob es der von Pierre Bourdieu untersuchte Habitus[7] ist, der uns in gewisser Weise festschreiben soll – unsere Freiheit erfährt von unterschiedlichsten Seiten Beschränkungsversuche. Dass eben auch unser Wille nicht anbindungslos und frei ist, wird an folgender Aussage sichtbar:

7 Der Habitus nach Bourdieu ist zu verstehen als das gesamte verinnerlichte und erfahrungsgemäß gelernte Auftreten einer Person, also z.B. der Lebensstil, die Sprache oder der Geschmack, an denen sich Status und Rang in der Gesellschaft ablesen lassen (vgl. Bourdieu 1982).

> „Nehmen wir an, Sie hätten einen freien Willen. Es wäre ein Wille, der von nichts abhinge: ein vollständig losgelöster, von allen ursächlichen Zusammenhängen freier Wille. Ein solcher Wille wäre ein aberwitziger, abstruser Wille. Seine Losgelöstheit nämlich würde bedeuten, dass er unabhängig wäre von ihrem Körper, Ihrem Charakter, Ihren Gedanken und Empfindungen, Ihren Phantasien und Erinnerungen. Es wäre, mit anderen Worten, ein Wille ohne Zusammenhang mit all dem, was Sie zu einer bestimmten Person macht. In einem substantiellen Sinn des Wortes wäre er deshalb gar nicht Ihr Wille." (Bieri 2005, S. 230)

Das Thema der Willensfreiheit des Menschen ist uralt, weil es bereits in der antiken griechischen und römischen Philosophie sowie im Buddhismus und in der christlichen und islamischen Theologie behandelt wurde (vgl. hierzu An der Heiden/Schneider 2007). Aktuell erfährt es wieder große Aufmerksamkeit – über die philosophischen Fachdebatten hinaus –, weil vor dem Hintergrund einiger Ergebnisse der Hirnforschung die Debatte um die Willensfreiheit neu entfacht wurde: Die Fähigkeit zur Selbstbestimmung wird von einigen Vertretern der Neurowissenschaften, von Hirnforschern und Psychologen bestritten (vgl. Stier 2014). Ihrer Interpretation zufolge ist nicht unser freier Wille ursächlich für die Steuerung unserer subjektiven Angelegenheiten, sondern es ist unser biologisches Gehirn. Es gibt neuronal nachweisbare Bereitschaftspotenziale vor einer unmittelbaren Entscheidung. Das Bewusstsein des Wollens stellt sich immer erst drei hundertstel Sekunden nach dem zentralnervösen Auslöser der gewollten Bewegung ein (vgl. Gerhardt 2007, S. 265). „Das Gehirn ist es, welches mit seinen neuronalen Prozessen unser Handeln bestimmt", so unter anderem der Neurowissenschaftler Gerhard Roth.[8] Gegen die Meinung, menschliche Entscheidungen seien

8 Seit der Neurophysiologe Libet 1979 am Medizinischen Zentrum der Universität des Staates Kalifornien in San Francisco bei Experimenten das sogenannte Bereitschaftspotenzial des Gehirns entdeckte und feststellte, dass das Gehirn der Versuchsperson eine motorische Bewegung einleitet, bevor der Betroffene überhaupt eine bewusste Entscheidung getroffen hat, bekundet eine zunehmende Zahl von Neurowissenschaftlern freimütig, nachweisen zu können, dass es einen freien Willen des Menschen nicht geben könne. Der freie Wille ist ein Konstrukt des menschlichen Gehirns, das sich unserem Bewusstsein als ein Gefühl von Handlungsautonomie darstellt (Näheres hierzu: Geyer 2004; Roth 2003, Stier 2014). Dieser Standpunkt stellt grundsätzliche Paradigmen und Werte sozialpädagogischen Handelns in Frage. Selbstbestimmung als Ziel professionellen Handelns

alleine und zu 100% abhängig von Genen und neuronalen Vorgängen, die wiederum durch frühkindliche Ereignisse und Erfahrungen aller Lebensjahre determiniert seien, gibt es von Seiten der Philosophie scharfe Kritik (u. a. durch Bieri 2005a; Seel 2004, Beckermann 2005, Gerhardt 2007). Bieri kritisiert die Argumentation als Kategoriefehler (Bieri 2005a):

> „Denken wir uns jemand, der ein Bild zerlegt, um herauszufinden, was es darstellt […]. Es geht nie gut, wenn wir Fragen, die sich auf der einen Beschreibungsebene stellen, auf einer anderen beantworten."

Der Schweizer Philosoph stellt heraus, dass der Mensch eine physiologische Geschichte hat, zu der auch die neurobiologischen Prozesse gehören. Daneben gibt es eben auch eine psychologische Geschichte, in der der Mensch als eine Person beschrieben wird und auf welcher Ebene die Diskussion um Willensfreiheit anzusiedeln ist, da wir genau hier begriffliche Mittel wie „Wille, Überlegungen, Entscheidungen" haben. Diese fehlen in der ersten Kategorie und „man darf die verschiedenen Perspektiven nicht vermischen" (vgl. ebd.). Volker Gerhardt wählt einen ähnlichen Erklärungsansatz, indem er verdeutlicht, dass die Neurowissenschaftler den Willen, den sie bestreiten „wollen", ebenso kennen und verstehen müssten wie die Vertreter in der Philosophie, um diesen auch bestreiten zu können. Dies tun sie aber nicht, da sie einer kategorialen Verwechslung unterliegen. Es wird von einer physiologischen Willens*substanz* gesprochen, aus der der menschliche Wille entspringt (vgl. Gerhardt 2007, S. 265f.).

> „Um es aber für den Willen so klarzustellen wie für das Selbst: Ebenso wenig wie beim Selbst von einem Homunkulus im ‚Inneren' der physiologischen Organisation die Rede ist, also von einem irgendwie für sich bestehenden, eigenständigen Wesen, das den Organismus von sich aus steuert; ebensowenig meine ich mit dem Willen irgendein Substrat, von dem das Wollen ausgeht. Die uns allen ursprünglich vertraute und so unzweifelhaft wirksame Fähigkeit des Wollens setzt keinen real existierenden physiologischen und erst recht keinen metaphysischen Befehlshaber im ‚Inneren' des Organismus voraus." (ebd., S. 266)

---

würde genauso wie die Delegation von Verantwortung bis hin zur Klärung von Schuldfähigkeit in ein neues Licht gerückt werden (vgl. Weber 2006, S. 7), denn Willensfreiheit ist die Voraussetzung vieler Ethiksysteme.

Der entsprechende Diskurs um Willensfreiheit aus neurowissenschaftlicher Perspektive kann an dieser Stelle nicht ausreichend würdigend eröffnet werden. Dennoch ist auch an der vorangegangenen Diskussion um neuronale Determiniertheit und Freiheit gut erkennbar, dass das Konzept einer unbedingten Willensfreiheit, das die Beschränkungen der Freiheit gänzlich überwindet, zwar theoretisch gedacht werden kann, aber spätestens in seiner praktischen „Lebensbedingtheit" - mit den (natürlichen) Umwelteinflüssen auf das „Ich" - nicht vollends tragfähig ist. Die „starke", libertarische Freiheit („Der Wille ist frei, der Determinismus ist falsch") passt nicht in eine Welt, die durch soziale und natürliche Prozesse mitbedingt ist (vgl. Tabelle 1, S. 25). Gedacht werden kann unbedingte Willensfreiheit nur dann, wenn das Wollen von absolut nichts abhängt, also durch nichts bedingt ist. Dies trifft für keinen Menschen zu, diese Art von Freiheit ist „illusionär" (Keil 2009, S. 12). Jeder von uns ist eingebettet in eine Lebensgeschichte und eingebunden in ein System von Bedingungen (vgl. Bieri 2011, S. 9ff.). Jeder von uns ist auf bestimmte Art und Weise determiniert. Totale Freiheit ist eine Freiheit ohne Verbindlichkeiten und ohne Anbindungen, ohne Verpflichtungen und Kompromisse. Sie ist deshalb auch lebensfremd und die Prämisse von der Freiheit als einem Zustand „vollständiger Autonomie" ist unrealistisch.

Eine philosophische Strömung, die fälschlicherweise häufig pauschal hier eingeordnet wird, ist der französische Existenzialismus (vgl. Kapitel 2.3). Das subjektive Dasein wird im existenzialistischen Verständnis als stets zur Veränderung fähig angesehen, egal in welchen Verstrickungen und Erfahrungsräumen des Kulturellen und Sozialem man sich befindet. Die Vertreter der französischen Existenzphilosophie, angeführt von Jean-Paul Sartre, leugnen das Vorhandensein von allseits determinierenden Zwängen, die aus göttlicher, natürlicher und gesellschaftlicher Anweisung erfolgen (vgl. Sartre 1943). Existenzialisten argumentieren vom Subjekt aus. Das heißt allerdings nicht, dass menschliches Sein als „freischwebend", „anbindungslos" und „total frei" definiert wird. Die Ist-Situation eines Menschen kann aber immer wieder überwunden werden, da dieser ein Gegengewicht zur zum Ding erstarrten Welt darstellen kann. Zwar steht jeder Mensch im sozialen Kontakt, diese äußerlichen „Zwänge" und scheinbaren Grenzen sind aber, existenzialistisch definiert, Zufälligkeiten. Es sind nur die Grenzen der Situation des Menschen, nicht die Grenzen seiner Freiheit (vgl. Sartre 1946). Jeder Mensch kann in existenzialistischer Lesart die Kontingenz (die Offenheit und Zufälligkeit) übernehmen, integrieren und damit zu überschreiten versuchen. Das Bewusstsein des Menschen ist immer das Bewusstsein von etwas und ein Akt der Abgrenzung und Positionierung (Sartres Begriff der Negation und Camus' Verständnis von der Revolte) (vgl. Galle 2009, S. 17ff.). Freiheit im Verständnis des Existenzialismus ist somit die winzige Bewegung über das Gegebene hinaus (auch wenn es erstmal „nur" ein Gedankenentwurf bleibt). Der Mensch trägt Verantwortung, als er derjenige ist, der das Gegebene auf sich nimmt und gleichzeitig mit diesem Aufsichnehmen dieses Gegebene in seiner Freiheit negieren kann (vgl. ebd.). Insofern benötigt jeder Mensch die Situation, die Welt, eine Gesellschaft mit anderen Akteuren, um frei zu sein und ein Leben ohne vorbestimmte Notwendigkeiten und Unveränderbarkeiten führen zu können, und steht dem Verständnis der „totalen Freiheit" zwar nahe (gerade weil Freiheit hier in der Vorstellung verharren kann), darf aber mit diesem nicht gleichgesetzt werden.[9]

Dem universalen Determinismus, als Gegenpol zur totalen Freiheit, liegt die Annahme zugrunde, dass alle Ereignisse, die geschehen, eine zwangsläufige und eindeutige Folge aus vorangegangenen Ereignissen sind (vgl. Pfister 2011, S. 37). Wenn der Gesamtzustand eines Systems zu einem beliebigen Zeitpunkt definiert ist und die darin geltenden Gesetze eindeutig sind und somit bei gleichen Anfangsbedingungen immer das gleiche Resultat hervorbringen, so ist der Zustand des Systems zu jedem zukünftigen Zeitpunkt festgelegt. Für unser Universum und uns würde dies bedeuten, dass alle dem Urknall folgenden Ereignisse bis heute zwangsläufig Wirkungen von vorangegangenen Ereignissen sind. Zu dem Verlauf, den das Universum genommen hat, hat es somit nie eine Alternative gegeben, was folgerichtig auch für die Lebensbiografien aller darin lebenden Individuen Geltung hätte (vgl. Keil 2009, S. 35). Vertreter des universalen Determinismus behaupten, der gesamte Weltlauf sei ein für alle Mal fixiert und

9 Diese Denkrichtung in ihrem idealistischen Ideal hat großes Potenzial, um für eine auf Autonomie und Selbstbestimmung gerichtete Soziale Arbeit als Irritation zu dienen, und wird in einem Exkurs in Kapitel 2.3 näher erläutert.

das komplette Weltgeschehen könne berechnet werden. Folgt man dieser Annahme, müsste man sich von der Vorstellung eines freien Willens verabschieden (vgl. Honderich 1995, S. 8). Die „harten Deterministen" halten den Determinismus für wahr und leugnen die Existenz der Willensfreiheit. Für sie ist der Determinismus eine „ganz allgemeine Theorie der gesamten Realität, zu der auch die unbelebte Welt und insbesondere die physikalischen Elementarteilchen gehören" (ebd.). Sie gehen davon aus, dass Willensfreiheit und Determinismus nicht vereinbar sind (Inkompatibilismus) (vgl. Keil 2009, S. 10).

Der Wille ist:	*frei*	*unfrei*
determiniert	Kompatibilismus (weicher Determinismus)	Inkompatibilismus I (harter Determinismus)
nicht determiniert	Inkompatibilismus II (Libertarismus)	

„Die drei Standardpositionen in der Debatte um Willensfreiheit und Determinismus" (Tabelle 1 nach: Keil 2009, S. 10).

Auf den „harten Determinismus", der den freien Willen als Illusion entlarven möchte, gibt es eine Entgegnung, die besagt, dass Freiheit und Determinismus vereinbar sind. Diese Position, die Lehre der Vereinbarkeit, nennt man Kompatibilismus (vgl. ebd.).[10] Kompatibilisten definieren Willensfreiheit so, dass eine Person dann frei handelt, wenn sie eine Handlung will und auch anders handeln könnte, wenn sie anders handeln wollte.

In dieser Perspektive ist der Determinismus lediglich eine Anschauung über unsere Natur, und zwar im Wesentlichen die Anschauung, wonach die gewöhnliche Kausalitätsvorstellung auf uns und unser Leben zutrifft und wir den Kausalgesetzen unter-

10 Die traditionelle Frage „Freiheit oder Determinismus?" ist in der Philosophie der Gegenwart sehr unpopulär geworden. Die Freiheitsdebatte kreist schon seit einigen Jahrzehnten um das Vereinbarkeitsproblem, „welches das traditionelle Problem aus der fachphilosophischen Diskussion weitgehend verdrängt hat" (Keil 2009, S. 13).

liegen (vgl. Honderich 1995, S. 9). Ob die (naturgesetzliche) Entscheidung deterministisch längst festgelegt ist, spiele im kompatibilistischen Sinne keine Rolle, da der freie Wille die determinierte Zukunft nicht kenne. Der Kern der Freiheit liege nicht in einem Gegensatz zum Bestimmtsein, so der in Berlin lehrende Philosoph Michael Pauen, sondern in einer bestimmten Art des Bestimmtseins. Frei ist demnach, wer sich in seinem Handeln an seinen Präferenzen auszurichten und somit selbst zu bestimmen vermag, auf welche Weise er sein Leben verbringen will (vgl. Pauen 2004, S. 15). Der Schweizer Philosoph Peter Bieri, der genau wie Pauen dem agnostischen Kompatibilismus[11] zugerechnet werden kann, unterstreicht die Position, dass wir zwar den üblichen Kausalitäten unterliegen, aber dennoch frei sein können, mit folgender Aussage (Bieri 2005, S. 20):

> „Auch wenn die Naturgesetze bestimmen, was wir tun und denken, können wir uns unter Berücksichtigung der jedem Menschen gegebenen Bedingtheiten als frei verstehen. Frei sind wir in diesem Sinne genau dann, wenn wir unseren eigenen Überzeugungen gemäß handeln können. Ein solcher Freiheitsbegriff, der ein bewusstes Reflektieren und eine bewusste Entscheidung voraussetzt, aber auch für möglich hält, steht nicht im Gegensatz zum Determinismus. Die Idee einer ‚absoluten Freiheit', die gegen den Determinismus gerichtet ist, ist begrifflich inkohärent."

Das Vermögen und die Fähigkeiten eines Menschen werden hier skizziert. Um Selbstbestimmung zu besitzen, muss ein Wesen zunächst einmal ein Vermögen namens Willen haben. Das Handeln nach dem Willen unterscheidet sich vom zwanghaft-determinierten wie vom zufälligen Verhalten. Wir können trotz naturgesetzli-

---

11 Im Lager der Kompatibilisten gibt es noch eine wichtige Differenzierung, die in der Tabelle 1 nicht zum Ausdruck kommt. Die Vertreter des deterministischen Kompatibilismus (auch „klassischer Kompatibilismus" genannt) halten den Determinismus für wahr und manche von ihnen meinen sogar, dass Freiheit die Wahrheit des Determinismus erfordert.

Die agnostischen Kompatibilisten bleiben bezüglich des Determinismus indifferent, da sie die Frage nach dessen Wahrheit schlicht für irrelevant halten (vgl. Keil 2009, S. 14f.). Es gibt eine naturgesetzliche Determination und kausale Bedingtheiten, denen wir „ausgeliefert" sind, aber die Details „sind nicht weiter von Belang", da wir trotzdem einen freien Willen entwickeln können. Diese in der neueren philosophischen Freiheitsdebatte populäre Auffassung ist in diesem Werk leitend.

cher Determination und kausalen Bedingtheiten, denen wir „ausgeliefert“ sind, einen freien Willen entwickeln (vgl. Keil 2009, S. 25f.). Das Handeln muss an seinen eigenen Präferenzen ausgerichtet und zum Gegenstand einer Bewertung gemacht werden können. „Frei in diesem Sinne ist, wer seine Präferenzen bejahen oder verneinen kann.“ (Seel 2004) Vom zufälligen Verhalten ist das freie Handeln unterschieden, wenn es eine verlässliche Beziehung zwischen den Präferenzen des Handelnden und seinen Handlungen gibt, die somit tatsächlich dieser Person zugeschrieben werden können. Von der Person lässt sich sagen, dass sie auch anders hätte handeln können als sie tatsächlich gehandelt hat. Denn sie hätte andere Präferenzen entwickeln und somit andere Optionen ergreifen können (vgl. ebd.). Wer überlegen kann, was er tun und lassen sollte, hat die Möglichkeit, sein Verhalten aus eigener Sondierung zu steuern, und ist in seinem Handeln frei. „Wer die Fähigkeit des Handelns aus Überlegungen hat“, so der in München lehrende Philosoph Thomas Buchheim, „dem steht auch in einer determinierten Welt eine Zukunft von Möglichkeiten gegenüber, die für ihn besser oder schlechter, daher zu ergreifen oder zu vermeiden sind“ (Buchheim 2004, S. 158f.). Ein solcher fähigkeitsbasierter Begriff von Willensfreiheit hat in der Philosophiegeschichte einige Vorbilder. Kant spricht vom Menschen als einem „frei handelnden Wesen, das etwas aus sich selber macht oder machen kann und soll“. Er hat dabei humanspezifische Fähigkeiten im Auge (vgl. Keil 2009, S. 24). Auch an der folgenden Stelle bestimmt Kant Freiheit als Vermögen (Kant 1798, S. 508):

> „Der Wille des Menschen ist frey, bedeutet so viel als: die Vernunft hat ein Vermögen über den Willen und die anderen Vermögen und Neigungen.“

Jedem Erwachsenen sollte das Vermögen der freien Wahl und Präferenzorientierung zugetraut werden.[12] Ob und inwiefern ein

12 Das Vermögen auf freie Wahl muss sich erst entwickeln. „Es dauert viele Jahre, bis wir uns die reflexiven Fragen stellen können. Wir müssen erlernen, nicht das zu leben und zu sagen, was andere uns vorleben und vorsagen, sondern das, was der Logik der eigenen Biografie entspricht.“ (Bieri 2005) Diese Entwicklung sollte mit dem Erwachsenenalter vorangeschritten sein. Kinder und Jugendliche stehen in diesem Lernprozess, der aber auch für jeden Erwachsenen als „nie beendet“ zu nennen ist (vgl. Honderich 1995).

Mensch faktisch davon Gebrauch macht, liegt dann in seiner subjektiven Verantwortung (vgl. Keil 2009, S. 25). Um Gebrauch von der freien Wahl zu machen, benötigt der Mensch aber dieses bestimmte Vermögen, diese Fähigkeit, welche in den Kapiteln 3 und 5.2 näher charakterisiert wird.

2.3 „Der Existenzialismus" – Überholte Philosophie oder ein Freiheitsentwurf mit Potenzialen für die Soziale Arbeit?

Da in diesem Kontext nicht in Anspruch genommen werden kann, die gesamte Philosophie des Existenzialismus in ihrer Komplexität darzulegen, folgt ein grundlegender Aufriss mit einigen begrifflichen und konzeptionellen Erläuterungen, die für den Diskurs der Selbstbestimmung und Willensfreiheit in der Sozialen Arbeit gewinnbringend sein können.

Der Existenzialismus kann ganz allgemein als französische Variante der Existenzphilosophie bezeichnet werden. Der Begriff Existenz wird dabei synonym für „menschliches Dasein" gebraucht. Als Existenzphilosophen beziehungsweise Existenzialisten gelten diejenigen Philosophen des 19. und 20. Jahrhunderts, die die Fragen der menschlichen Existenz in den Mittelpunkt ihrer Überlegungen stellen, nicht die Fragen nach der Welt, dem vorbestimmten Sein, nach dem Allgemeinen, nicht einmal vorrangig nach dem allgemein Menschlichen, sondern nach der Existenz und den Handlungsoptionen, Lebenseinstellungen und der Lebensführung des jeweiligen einzelnen Individuums. In der Existenzphilosophie geht es darum, „alles von einem ‚Kern' des Menschen her erfahrend zu verstehen" (Wuchterl 2003, S. 348).

Als Wegbereiter und erster Vertreter der Existenzphilosophie gilt der dänische Philosoph, Theologe und Schriftsteller Sören Kierkegaard (1813–1855), dem „alles Selbstverständliche verdächtig" schien und der versucht hat, einen idealistischen Freiheitsbegriff „subjektivitätstheoretisch zu transformieren" (Dietz 1994, S. 27). Ursprünglich stellte die Existenzphilosophie eine Reaktion auf das optimistische Ordnungsdenken des deutschen Idealismus dar und führte eine ganz persönliche und konkrete Betrachtungsweise in die Philosophie ein, davon ausgehend, dass jeder nur seine eigenen und handgreiflichen Fragen zu lösen hat. Kierkegaard hat den „subjektiven Denker", der an seinem Gegenstand unendlich interessiert ist und entsprechend verantwortlich handelnd für ihn eintritt, dem abstrakten objektiv-wissenschaftlichen Denken Georg Wilhelm Friedrich Hegels (1770-1831) entgegengestellt (vgl. Wuchterl 2003, S. 348). Im Gegensatz zu Hegel, der als Anhänger der Vernunft gilt und den Anspruch erhoben hat, die gesamte Wirklichkeit in der Vielfalt ihrer Erscheinungsformen einschließlich ihrer geschichtlichen Entwicklung zusammenhängend, systematisch und definitiv zu deuten, stellt Kierkegaard eine „Philosophie der Handlungsmöglichkeit und der Lebenskunst" auf (Onfray 2012, S. 19). Der Däne fasst Existenz als Verhältnis zu sich selbst. Für ihn ist existenzielles Denken ein auf das Selbstverhältnis und die Selbsterfahrung des Menschen in seiner konkreten Existenz gegründetes Denken (vgl. Liessmann 2010, S. 10f.).

Die Philosophen, die gemeinhin neben und nach Kierkegaard in die Existenzphilosophie eingeordnet werden (u.a. auch Karl Jaspers, Martin Heidegger) gehen alle von der konkreten Existenz des Einzelnen aus[13], unterscheiden sich darüber hinaus in ihren Systematisierungen allerdings zuweilen beträchtlich (vgl. Janke 1982).

Das Grundverständnis von der existenziellen Teilhabe am eigenen Sein wurde während und nach der Zeit des Zweiten Weltkrieges von verschiedenen philosophischen Akteuren aufgegriffen, die sich dabei auf den modernen, von Gott entfremdeten und allein auf sich gestellten Menschen bezogen. Mit den Erfahrungen der Wirtschaftskrise und der Kriegswirren erhielten die zentralen Themen des Existenzialismus – die Absurdität und Ungesichertheit des Daseins, Angst und Einsamkeit des Einzelnen – ein ganz neues Gewicht. Der Existenzialismus – bei dem neben Jean-Paul Sartre (1905–1980) der in Französisch-Nordafrika (dem heutigen Algerien) geborene Albert Camus (1913–1960) als zentraler Vertreter auszumachen ist[14] – hat weit über den akademischen Diskurs

13 Existenz als Aufgabe und Vollzug eines dynamischen Seinsverhältnisses in Absetzung zu einem traditionellen Verständnis, das ein unveränderbares und statisches Wesen des Menschen voraussetzte.

14 Camus hat sich selbst als Philosoph des Absurden bezeichnet und wollte nicht in das existenzialistische Paradigma eingeordnet werden. Insbesondere seine frühen Werke stehen dieser philosophischen Strömung jedoch

hinaus Selbstverständnisse der Kriegs- und Nachkriegsgeneration irritiert, dabei eine Grundstimmung der „transzendentalen Heimatlosigkeit“ (Lukács 1971, S. 52) aufgenommen und konsequent weitergedacht. Existenzialismus ist in den 1950er und 1960er Jahren zu einer Lebenseinstellung geworden, genährt durch die philosophische und künstlerische Avantgarde Paris'. Die Verbreitung in Intellektuellen- und Künstlerkreisen zum modischen Lebensstil kann postum auch auf die Tatsache hin begründet werden, dass verschiedene Ausdrucksformen gewählt und Literatur und Theater eng mit Philosophie zusammengeführt worden sind. Die mythisch gewordenen Protagonisten existenzialistischer Fiktion – Camus' Meursault in *Der Fremde* und Sartres Antoin Roquentin in *Der Ekel* – stehen beispielhaft für diese Tatsache (vgl. Galle 2009, S. 7f.). Beide Figuren sind aus traditionsgesättigten Verstrickungen und Bedingungsverhältnissen herausgelöst und dazu verurteilt, sich durch ihren Existenzentwurf – im Verhalten und in der Einstellung zu den gegebenen Lebensbedingungen – selbst zu retten, sich zu finden und Authentizität zu erlangen, indem Verantwortung für das eigene Sein situiert wird (ebd.).

„Die Existenz geht der Essenz voraus“, dies schreibt Jean-Paul Sartre in seinem 1946 veröffentlichten Essay „L'existentialisme est un humanisme“ (*Der Existenzialismus ist ein Humanismus*) und pointiert damit eine der grundlegendsten Thesen des Existenzialismus: Keine den Menschen bestimmende Natur ist seinem Handeln und Denken vorgelagert (vgl. Sartre 1965, S. 14ff.). Das bedeutet, dass der Mensch zuerst in die Welt eintritt, sich aber erst danach definiert. „Er ist nicht definierbar, weil er zunächst nichts ist.“ (ebd., S. 8)

Gerade die in Philosophie und Theologie verbreiteten Verallgemeinerungen, die Suche nach Wesenszügen, die Einbettung des Menschen in metaphysische Vororientierungen, religiös abgeleite-

---

sehr nahe. So würdigte Jean-Paul Sartre seinen Roman *Der Fremde* (1942) als wichtiges Werk des Existenzialismus. Das philosophische Werk von Camus hat jedoch auch einen eigenständigen Charakter. Die Camus'sche Philosophie wird daher in Abgrenzung zum Existenzialismus oft als „Philosophie des Absurden“ bezeichnet, da insbesondere Camus' Sicht der Revolte vom Sartre'schen Existenzialismus abweicht, was schließlich auch zum Bruch mit Sartre führte (vgl. Onfray 2012, S. 21).

te Bestimmungen und entsprechende Festschreibungen und Determinationen seiner Möglichkeiten, werden von Sartre mit einem Federstrich beiseitegeschoben und durch die These abgelöst, der Mensch könne und müsse sich aus eigener Kraft erfinden und entwerfen: „Er ist dazu verurteilt, frei zu sein." (Sartre 1943, S. 17) Dies schreibt er in seinem Essay, den er in fast unveränderter Form im selben Jahr im Pariser Maintenant-Club vorträgt und die zentralen Thesen seines philosophischen Hauptwerkes, „L'être et le Néant" (*Das Sein und das Nichts*) popularisiert. Als Schüler Husserls und Heideggers entwirft Sartre in seinem Hauptwerk eine phänomenologische Ontologie der menschlichen Existenz. Vor dem Hintergrund der von Sartre proklamierten Voraussetzungslosigkeit und der Schaffung einer „tabula rasa", nach der dem Menschen jede Form von determinierender Ausstattung entzogen ist, demonstriert er, über welche Möglichkeiten der Einzelne verfügt, sich nach eigenem Willen zu entfalten, seine eigenen Wertvorstellungen und Normen zu entwickeln und als einziger über sich selbst zu bestimmen.

Demnach bezieht sich der Existenzialismus nicht mehr auf eine göttliche oder kosmologische Ordnung, sondern entwickelt seine Theorie vom Einzelnen her. Sartre betont, dass menschliche Strukturen vor allem durch das Nichts bestimmt sind. Hieraus bezieht Sartre auch seinen Freiheitsentwurf: „Der Mensch sei frei, weil es keinen Determinismus gebe, weil es nichts gebe, nach dem er sich richten, an dem er sich orientieren könne." (Sartre 1943) Durch den Begriff der Kontingenz, „der Zufälligkeit erlebter Momente, die keinerlei inneren Zusammenhang, geschweige denn sinngebende Notwendigkeit erkennen lassen" (Möbus 2000, S. 18), verdeutlicht Sartre das existenzialistische Gefühl schlechthin. Der Mensch lebt in einer Welt der Zufälligkeit, in der nur er selbst und das, was er selbst erschafft, einen Halt zu erkennen geben.

Auch in der Absurdität des Daseins lässt sich das Nichts als Grundbestimmung menschlicher Strukturen erkennen. Für den „Philosophen des Absurden", Albert Camus, besteht das Absurde im Erkennen der Tatsache, dass das menschliche Streben nach Sinn in einer sinnleeren Welt notwendigerweise vergeblich, aber nicht ohne Hoffnung bleiben muss. Dies macht er unter anderem in seinem 1942 erschienen Werk „Le mythe de Sisyphe" (*Der My-*

thos des Sisyphos. Ein Versuch über das Absurde) deutlich (Camus 1942). Um nicht verzweifelt zu resignieren oder in Passivität zu verfallen, propagiert Camus im Sinne des Existenzialismus und in Anlehnung an Friedrich Nietzsche (1844–1900) den aktiven, auf sich allein gestellten Menschen, der unabhängig von einem Gott und dessen Gnade selbstbestimmt ein Bewusstsein neuer Möglichkeiten der Schicksalsüberwindung, der Auflehnung, des Widerspruchs und der inneren Revolte entwickelt (vgl. Onfray 2012, S. 75ff.).

Die Freiheit ist die Manifestationsform der Existenz und auch des Subjekts. Im Grunde sind Existenz, Subjekt und Freiheit gegeneinander austauschbar (vgl. Galle 2009, S. 18). Nicht zuletzt tritt ihre Charakterisierung durch den sie verbindenden Gegenbegriff der Essenz hervor („Die Existenz geht der Essenz voraus"), die als „gemeinsamer Nenner für jede Form einer abgeschlossenen, fertigen und zum Ding erstarrten Welt fungiert, sei sie nun physischer, gesellschaftlicher oder ideologischer Natur" (vgl. ebd.).

In all seinen Werken hat Sartre die komplexe Beziehung des Einzelnen zu den anderen und den Dingen in der Welt untersucht und dabei die Individualität des Menschen und die stetige Autonomie und Entscheidungshoheit über sich selbst herausgestellt. Die „Andersartigkeit gegenüber der zu lebenden Realität" (Möbus 2000, S. 18) ist als existenzialistisches Grundgefühl auszumachen. Dadurch, dass das Subjekt in der Lage ist, gegen die zum Ding erstarrte Welt ein Gegengewicht darzustellen, kann das Subjekt den Weg der Selbstentfaltung starten. Dies geschieht mit der Negation. Sartre unterscheidet zwei ontologisch getrennte Seinsformen: Die bewusstseinslosen Objekte der Welt („en-soi") einerseits, die *an sich* gegeben sind, und andererseits den Menschen, der mit einer Bewusstseinsstruktur ausgestattet ist („pour-soi")[15] (vgl. Sartre 1943). Die Struktur des Bewusstseins hat nach Sartre keine wesenhafte Qualität, ist also nicht essenziell vorbestimmt. Laut Jean-Paul Sartre ist jedes Bewusstsein immer Bewusstsein von etwas, insofern ist das „pour-soi" immer auf das „en-soi" bezogen und existiert nur in diesem Bezug (vgl. Galle 2000, S. 20).

15 „pour-soi" = Mensch mit Bewusstseinsstruktur = „Für-sich"
„en-soi" = Objekte der Welt (Bewusstseinslos) = „An-sich"

Das heißt, dass es in existenzialistischer Denkweise Bewusstsein nicht an und für sich gibt, sondern es wird erst in der praktischen Existenz entwickelt. Bewusstseinsbildung geschieht somit für Sartre immer in der Welt und in einem (sozialen) Akt der Abgrenzung und Positionierung. Für Albert Camus ist der Akt der Existenzentwicklung ein ähnlicher, auch wenn er nicht von Negation spricht. Für den französisch-algerischen Intellektuellen ist die Revolte der Weg, die fundamentale Sinnlosigkeit und Absurdität der (Außen-)Welt zu überwinden und seinem „Eigenen", seiner Freiheit, ein Stück weit näher zu kommen. „Ich revoltiere, also sind wir." (Camus 1951)

Durch die Leugnung des Vorhandenseins von Zwängen, die aus göttlicher, natürlicher und gesellschaftlicher Anweisung folgen, ist dem Menschen, der ein Leben führt, das keine vorbestimmte Notwendigkeit kennt, die volle Verantwortung für das eigene Handeln übertragen. Sich zu finden und Authentizität zu erlangen, indem Verantwortung für das eigene Sein situiert wird, gilt als existenzialistisches Grundverständnis. „Der Mensch ist dazu verurteilt, frei zu sein. Verurteilt, weil er sich nicht selbst geschaffen hat, und dennoch frei, weil er, einmal in die Welt geworfen, für all das verantwortlich ist, was er tut." (Sartre 1946, S. 4)

In der Ausweitung von Selbstbestimmung, die mit der Verantwortung für das eigene Sein einhergeht, proklamierte Sartre einen idealistischen Freiheitsweg. In der Wahl – als Akt der Selbstsetzung, als Erfindung des eigenen Entwurfes und als Wahrnehmung von Verantwortung – hintertreiben die Akteure des Existenzialismus das Bild einer festgefügten Welt. Das subjektive Dasein wird als stets zur (Selbst-)Veränderung fähig definiert. In diesem radikal und idealtypisch dargestellten Menschenbild wird dem anspruchsvollen Subjekt zugetraut, sich in seiner Entscheidung nicht nur nach Möglichkeiten zu verhalten, sondern auch als Erfinder dieser Lage stets Veränderungen hervorrufen zu können.

Beziehen wir das vorgestellte Freiheitsverständnis des Existenzialismus nun auf den Diskurs der Selbstbestimmung und Willensfreiheit in der Sozialen Arbeit, so wird schnell deutlich, dass das proklamierte radikale Verständnis von existenzialistischer Freiheit irritiert und dennoch hilfreiche Impulse für den Diskurs liefern kann: Erweitern wir die Gedanken, dass ein Mensch in jeglichen Situationen des Lebens (egal, wie verstrickt die momentane Lage auch sein mag), Autor seiner Geschichte und seines Lebensentwurfes bleiben kann, um den Aspekt der notwendigen Umsetzung für das praktische Leben („nicht nur die Vorstellung macht Freiheit aus") (vgl. 2.4), so liegen uns potenziell hilfreiche Gedanken für das philosophisch-anthropologische Grundverständnis einer optimistischen, auf die Selbstbestimmungspotenziale der Adressaten und auf den Willen der Menschen ausgerichteten Sozialen Arbeit vor.

Vertrauen in die Möglichkeit der „rationalen Selbstkonstitution" der Adressaten muss sozialarbeiterischer Auftrag sein (vgl. Kapitel 5.2). Es gilt für die Vertreter von Theorie und Praxis Sozialer Arbeit ein „Gedankenbild zu zeichnen", in dem der Mensch in jedem Moment, egal, wie verstrickt die Ist-Situation auch erscheinen mag, (kleine und) prozesshafte Chancen zur Kreation und Aktion behält. Das existenzialistische Verständnis vom „in die Welt geworfen Sein", das Engagement für sich selbst und die Welt, um authentisch leben zu können, verknüpft mit dem Begriff der Verantwortung, eignet sich bestens, um die anthropologische Grundlage Sozialer Arbeit – der Mensch ist ein zur Selbstbestimmung fähiges Wesen – idealtypisch herauszustellen und zu prüfen, ob sozialarbeiterische Interaktionen diesem professionsethischen Verständnis folgen. Der Existenzialismus kann in seiner illusionären Wucht als Hilfsinstrument dienen, die professionelle Rolle zu konkretisieren, um sich einer pluralen, durch Vielfalt und Eigentümlichkeit bestimmte Welt verpflichtet zu fühlen, in der individuelle Willensäußerungen als „Kraftquelle" angesehen werden, aus der „Energie und Würde" geschöpft werden können (vgl. Fehren/Hinte 2013, S. 14). Es geht um eine Gedankenrichtung, die es dem Menschen zutraut, nicht einzig und allein Produkt seiner sozialen Lage, sondern „sein Autor und sein Subjekt" (Bieri 2011) der eigenen Identität zu sein. Soziale Arbeit muss dem Gegenüber in einem möglichst neu geschaffenen, individuell kreierten Rahmen, der mit Zutrauen in die subjektive Stärke des Menschen ausgefüllt ist, begegnen (vgl. Kapitel 5).

Bislang wurden der Freiheitsentwurf des Existenzialismus und dessen Hauptvertreter Jean-Paul Sartre, obwohl er zur „Physiognomie des 20. Jahrhunderts" (Bude 2010) gehört, in den Diskussionen innerhalb der Sozialen Arbeit kontinuierlich ignoriert. Dabei wird deutlich, dass wir es keineswegs mit einer überholten Philosophie zu tun haben, sondern Impulse dieses radikal optimistischen Ansatzes für den Selbstbestimmungsdiskurs dienlich sein können.

2.4 „Von der Notwendigkeit der Handlungsfreiheit" – Selbstbestimmung und die äußere Ordnung: Gesellschaft

Es bedarf für die Willensfreiheit nicht nur, wie oben angesprochen, bestimmter Fähigkeiten, sondern auch eines Spielraums von offenen Möglichkeiten und Verwirklichungschancen. Die Frage nach den äußeren Möglichkeiten ist ein politischer Wert und von der Frage zu unterscheiden, ob Menschen prinzipiell dazu in der Lage sind, frei zu entscheiden (vgl. Ernst 2011, S. 93).

Negative Freiheit meint die Abwesenheit von Behinderungen und eröffnet Möglichkeiten. Sie charakterisiert sich dadurch, dass die eigene Person frei von äußeren Zwängen ist, „also nichts und niemand mein Tun stört" (Berlin, 1993, S. 743). Niemand schränkt mich ein, mir stehen alle Wege offen, ich kann tun und lassen, was ich möchte. Es ist die Freiheit *von* etwas, im Gegensatz zur positiven Freiheit, die *zu* etwas steht (vgl. Punkt 2.1). Ich besitze eine *Handlungsfreiheit* (vgl. Keil 2009, S. 22f.), eine „äußere Freiheit", in der, wie Bieri es ausdrückt, keine „äußere Tyrannei" vorhanden ist (Bieri 2011, S. 8):

> „Keine Bevormundung durch die Eltern, keine verschwiegene Tyrannei durch Lebensgefährten, keine Drohungen von Arbeitgebern und Vermietern, keine politische Unterdrückung. Niemand, der uns zu tun nötigt, was wir von uns aus nicht möchten. Keine äußere Tyrannei, also keine Erpressung, aber auch nicht Krankheit und Armut, die uns verbauen, was wir erleben und tun möchten."

Wo ohne weiteren Zusatz in öffentlichen Debatten von Freiheit die Rede ist, ist fast immer die Unabhängigkeit des Einzelnen von jeder Art von Fremdbestimmung gemeint, also die hier skizzierte äußere, politische Freiheit. Dies wird sichtbar im Schlachtruf der Französischen Revolution, „Freiheit, Gleichheit, Brüderlichkeit", genauso wie in Slogans „Freiheit statt Sozialismus" oder „Freiheit statt Kapitalismus" (vgl. Keil 2009, S. 21). Berlin sieht den klassischen Liberalismus bis hin zu John Stuart Mill (1806–1873) als hauptsächlich mit der negativen Freiheit beschäftigt. Erst danach, so Berlin, begann auch eine Wendung hin zu positiven Freiheiten (vgl. Berlin 2006, S. 25ff.).

Es gibt Stimmen, die eine äußere Freiheit von der Selbstbestimmung und Willensfreiheit trennen und keine Bezüge zueinander aufbauen. Wie die äußere Welt strukturiert ist, bedingt nicht die Freiheit auf freie Willensbekundung, so die These. Kant behauptet, dass der menschliche Wille selbst unter der Folter frei bleibe. Und nach Thomas Hobbes (1588–1679) ist sogar ein Sklave frei, solange er sich nur frei bewegen kann. Und ein Armer mag zwar dazu nicht imstande sein, sich seine Wünsche zu erfüllen, doch unfrei ist er nicht, denn er kann sie sich ja wünschen (vgl. Vasek 2012, S. 19). Jean-Paul Sartre denkt Freiheit ähnlich, in dem der gedankliche Entwurf in seinem Freiheitsverständnis erst einmal keinen Platz zur praktischen Umsetzung benötigt („Ich kann mir ja vorstellen, dass ich frei bin") (vgl. Kapitel 2.3). Diese Theorie beschränkt den Selbstbestimmungsbegriff auf eine geistige, sich vorstellbare Freiheit. Es geht um die Möglichkeit einer freien Willensbildung ohne eine notwendigerweise Umsetzung des Willens (vgl. Keil 2009, S. 33). Was mit Wünschen und Neigungen, die wir durch die Bestimmungen der Außenwelt in uns vorfinden, weiter geschieht, ist in diesem theoretischen Konstrukt gleichgültig. Der Mensch kann selbstbestimmt bleiben, egal wie es um seine Handlungsfreiheit letztendlich beschaffen ist. Somit wären der positive Fähigkeitsaspekt und der negative Aspekt des Ungehindertseins terminologisch getrennt.

In dem in diesem Buch genutzten Willensfreiheitsbegriff, der auf subjektivem Vermögen basiert, sind beide Aspekte der Freiheit, der positive und der negative, vereinigt. Es gehört schon zum Begriff der „Fähigkeit", dass sie unter typischen Realisierungsbedingungen auch wirklich ausgeübt werden kann. „Jede Fähigkeit ist implizit auf bestimmte Umstände bezogen", so Geert Keil. „Wer zu etwas fähig ist, ist in der Lage, es unter bestimmten Umständen zu tun" (Keil 2009, S. 28). Damit ist die Freiheit des Handelns angesprochen und wird zu einem „zentralen Ziel politischen Handelns" (Ernst 2011, S. 93). Um ein Leben in möglichst hoher Selbstbestimmung führen zu können, bedarf es Handlungsfreiheiten, die eine Umsetzung der freien Willensbekundung ermöglichen. „Ich kann nur dann tun, was ich will, wenn ich es wirklich tun kann." (Bieri 2005, S. 283) Deshalb muss es bei der Frage um ein praktisches Leben in möglichst hoher Selbstbestimmung auch darum gehen, ob Handlungen des Subjektes Raum zur Realisierung finden. „Nur in einer politisch freien Gesellschaft kann auch das Individuum frei leben" (Vasek 2012, S. 19) oder anders ausgedrückt: Da der Mensch ein soziales Wesen ist, benötigt er für ein Leben in der Freiheit auch eine entsprechende gesellschaftliche Ordnung (vgl. Bieri 2011, S. 7f.). Folglich sind einerseits die Möglichkeit und andererseits die Fähigkeit, seinen Willen in die Tat umzusetzen zu können, als Merkmale von Willensfreiheit zu markieren (vgl. Keil 2009, S. 33).

Die Abwesenheit von äußeren Zwängen und Bindungen zielt darauf, das zu tun, wozu man sich entschlossen hat. In diesem Fall liegt bereits ein bestimmter Wille vor und es geht darum, ob die konkrete Situation seine Realisierung gestattet, also keine von der Regierung, der Gesellschaft oder anderen Menschen ausgehenden Zwänge ein Verhalten erschweren oder verhindern. Die äußere Welt darf nicht so sein, dass die Ausübung des Vermögens um freie Willensbekundung unmöglich wäre, und Willensfreiheit ist folglich nicht nur die Fähigkeit zur überlegten Willensbildung (vgl. Kapitel 3), sondern auch zur Willensumsetzung. Politische Freiheiten, die ja Untertanen der Handlungs- und Umsetzungsfreiheit sind, bleiben zwar definitorisch vom Begriff der Willensfreiheit getrennt, zugleich wird aber die Notwendigkeit von Handlungsfreiheit für ein tatsächlich stattfindendes, selbstbestimmtes Leben sichtbar.

Nun drängt sich folgerichtig die Frage auf, welche „gesellschaftliche und politische Ordnung" ein Leben mit dem Fokus Selbstbestimmung denn am besten fördern könnte. Und es wird schnell deutlich, dass der entsprechende Diskurs über die Geschichte um Handlungsfreiheit an dieser Stelle nicht ausreichend würdigend eröffnet werden kann. Der Freiheitsbegriff gehört zu den zentralen Begriffen der menschlichen Ideengeschichte und befindet sich in ständiger Diskussion und in einem permanenten Wandel (vgl. Pfister 2011, S. 9f.). Die Frage nach dem System, welches die höchsten individuellen Freiheiten ermöglicht, mündet früher oder später in einer ideologischen Diskussion und in der zutiefst politischen Frage: „Wie wollen wir leben?" (vgl. Bieri 2011, S. 35f.), dennoch lassen sich einige zentrale äußere Aspekte, die für die Selbstbestimmung des Handelns (Handlungsfreiheit) und somit die Möglichkeit, seinen Willen in die Tat umzusetzen zu können, bestimmen:

Das allgemeine heutige Verständnis von Freiheit, das, wie oben bereits angedeutet, durch die Epoche der Aufklärung geprägt ist, fokussiert den politischen und soziologischen Aspekt der Unabhängigkeit des Einzelnen von jeder Art von Fremdbestimmung. Im 17. Jahrhundert entdeckte der Mensch seine Unabhängigkeit von vorgefertigten Meinungen und Traditionen, von Dogmen und verbürgten Autoritäten. Der politische Aspekt verlangte die Befreiung der Menschen aus der vormodernen Gesellschaftsstruktur. Abgezielt wurde auf eine Trennung von Staat und Kirche, eine Begrenzung des Staates durch Grundrechte, eine Kontrolle der Staatsgewalt durch Gewaltenteilung und die Ablösung der Legitimierung der Staatsgewalt durch das Gottesgnadentum. Die Rückbindung an die Interessen der einzelnen Menschen und letztlich an Demokratie ist seit der Phase der Aufklärung untrennbar mit unserem Verständnis von äußeren Freiheitsaspekten verbunden und für unser Freiheitsverständnis leitend (vgl. Stollberg-Rilinger 2010, S.9ff.). Dieses im Wesentlichen liberalistische Freiheitsverständnis folgt der Annahme, dass es hauptsächliche Aufgabe des Staates ist, Individuen vor Eingriffen anderer und vor Eingriffen des Staates selbst zu schützen (vgl. Ernst 2011, S. 94). Innerhalb des Liberalismus gibt es unterschiedliche Standpunkte. Im Gegensatz zu dieser liberalistischen – oder auch formalen – Freiheitskonzeption betrachten egalitaristische (an Gleichheit orientierte) und sozialistische Liberale auch die Umverteilung von Gütern als Aufgabe des Staates,

> „weil dadurch die effektive Freiheit, also die Bandbreite der tatsächlichen Handlungsmöglichkeiten, vergrößert wird. […]. Allerdings kann der Schutz von Eigentum Eingriffe in die formale Freiheit der Nichteigentümer verlangen und die Umverteilung von Gütern der formalen Freiheit dienen, wenn dadurch Individuen vor Unterdrückung geschützt werden.“ (ebd.)

Freiheit und Gerechtigkeit sind hier stark miteinander verbunden. Das Credo, „nicht nur staatlicher Zwang bedroht die Freiheit“, wird durch den Absatz „sondern auch extreme gesellschaftliche Ungleichheit“ erweitert.

Vertreter eines republikanischen Freiheitsbegriffes sind der Ansicht, dass politische Selbstbestimmung wesentlich für politische Freiheit ist. „Freie Bürger bestimmen ihr Schicksal in einer politischen Gemeinschaft selbst; sie werden nicht von anderen unterdrückt." (ebd.) Mit der Aufklärung geht der Gedanke einher, dass es bei Handlungsfreiheit um Abwehrrechte gegen Staat und Mitbürger geht. In der Antike bestand Freiheit wiederum gerade im Recht zur politischen Mitbestimmung (vgl. Stollberg-Rilinger 2010, S. 9ff.).

Der republikanische Ansatz formuliert hohe Anforderungen an die Bürger, indem gefordert wird, dass jeder Einzelne am Gemeinwohl orientiert sein soll. Es geht darum, dass jeder Mensch im Staat grundsätzlich ein teilhabewilliger, solidarisierungsorientierter und vernunftbestimmter Bürger sein muss, um eine republikanische Demokratie umzusetzen (Horn 2009, S. 73). Hier wird deutlich, dass der Republikanismus eine stark normative Grundausrichtung aufweist (Habermas 1996, S. 284). Das ist auch der Hauptkritikpunkt von Seiten des Liberalismus – beziehungsweise der repräsentativen Demokratiebewegung. Am Republikanismus werden die hohen Erwartungen an Rationalität und an ein Eingebundensein des Bürgers in die Politik kritisiert und es wird ihm „eine ethische Engführung politischer Diskurse" (ebd.) unterstellt. Gemeint sind zu viel Tugendforderung und zu viel Homogenitätsansprüche sowie zu wenig Raum für Pluralismus und Vielfalt der Individuen (Adloff 2005, S. 27f.). Freiheit ist in republikanischer Tradition eng mit aktiver Übernahme von Verantwortung verknüpft.

> „Für den Republikaner ist die Politik das Mittel, um Freiheit zu realisieren; für den Liberalen beginnt Freiheit dort, wo Politik endet." (Ernst 2011, S. 95)

Den unterschiedlichen traditionellen Einordnungen des Begriffes der Handlungsfreiheit ist trotz der unterschiedlichen Fokussierung allerdings eines gleich: Sie fokussieren als zentrales Mittel, um langfristig äußere Freiheit zu sichern, aktive, politische Mitwirkung der Bürger und die Chance auf freie politische Meinungsäußerung. Die Möglichkeit des Bürgers, sich am demokratischen Diskurs zu beteiligen und seine Interessen in demokratischer Weise in den allgemeinen Willensbildungsprozess einzubringen, ist auf die Idee der Freiheit und Gleichheit aller

Menschen zurückzuführen und liegt dem Recht auf Willensfreiheit zugrunde. Entsprechend garantieren die in liberalen Verfassungen verankerten Grundrechte einen von staatlicher Einmischung freien Bereich, in dem der einzelne Staatsbürger allein oder im Zusammenwirken mit anderen seine Interessen verfolgen kann (vgl. Rieger 2007, S. 498). Im Kern wird die freiheitliche demokratische Grundordnung durch Grundrechte und Rechtsstaatlichkeit gesichert. Politische Freiheit zu besitzen, heißt im weiten Sinne – unter Einschluss der sogenannten bürgerlichen Rechte –, die Möglichkeit zu haben, darüber (mit) zu entscheiden, wer und wie nach welchen Prinzipien regiert werden soll. Dies wird von dem indischen, in Harvard lehrenden Wohlfahrtsökonomen und politischen Philosophen Amartya Sen in seiner Konzeption des „Fähigkeitsraumes" (vgl. Sen 2000) ebenfalls als zentral skizziert (vgl. Lutz 2011, S. 76). Es geht Sen um einen politischen Aufbau von Teilhabechancen, den es zu entwerfen gilt, da er davon ausgeht,

> „dass die Beseitigung gewichtiger Unfreiheit eine grundlegende Voraussetzung für die Entwicklung jedes einzelnen Menschen ist" (Sen 2000, S. 10).

Dabei geht es ihm um fünf Arten von instrumentellen Freiheiten, die unmittelbar oder mittelbar zur Gesamtfreiheit der Menschen beitragen, das von ihnen gewünschte und selbstbestimmte Leben zu führen (vgl. ebd., S. 52).

1. Neben den oben angesprochenen politischen Freiheiten, sind dies
2. Die ökonomische Einrichtungen und Freiheiten,
3. Die Transparenzgarantien,
4. Die sozialen Sicherheiten.
5. Zusätzlich werden diese von Sen als „Verwirklichungschancen" bezeichneten instrumentellen Freiheiten um Einrichtungen, die für eine effektivere Teilnahme an ökonomischen und politischen Prozessen sorgen und von ihm als soziale Chancen bezeichnet sind, erweitert (ebd., S. 53ff.).

Dabei ermöglichen die aufgeführten *politischen Freiheiten* den Menschen politische Mitgestaltung, Meinungsfreiheit und Berechtigungen, die mit Demokratie im weitesten Sinne verbunden sind (politischer Dialog, Chance zu Widerspruch und Kritik, et cetera). Für Sen spielt die Demokratie eine wesentliche Rolle, „denn sie vergrößert die Verwirklichungschancen der Menschen und ist deshalb die beste Regierungsform".

Ökonomische Einrichtungen und Freiheiten betreffen die Handlungsoptionen der Individuen, „sich ökonomischer Ressourcen zum Zweck des Konsums, der Produktion oder des Tauschs zu bedienen". Jeder soll und muss Zugang zum nationalen Einkommen und Wohlstand bekommen und deshalb freien Zugang zum Arbeitsmarkt haben.

Mit *Transparenzgarantien* führt Sen die notwendige Offenheit auf, die Menschen erwarten können: die Freiheit, miteinander umzugehen und dabei die Gewähr zu haben, dass Offenheit und Durchsichtigkeit im sozialen Umgang herrschen. „Transparenz ist die Basis des Vertrauens, auf der eine funktionierende Gesellschaft aufbaut." (ebd., S. 76) Wird dieses Vertrauen ernsthaft gestört, mag das Leben vieler Menschen durch den Mangel an Offenheit Schaden nehmen. Transparenzgarantien, darunter auch das Recht auf Offenlegung, spielen deshalb eine wichtige Kategorie der äußeren Freiheiten, da politische und ökonomische Freiheiten stark durch diese beeinflusst werden.

Als weitere instrumentelle Freiheit, die den Subjekten freie Entfaltung von Willensbekundungen ermöglicht, ist die *soziale Sicherheit* anzuführen. Damit sind die oben angedeutete Umverteilung von Gütern gemeint, genauso wie die Sozialversicherungssysteme und sozialpolitische Versorgungs- und Unterstützungsstrukturen, wie Arbeitslosenunterstützung und ein gesetzlich garantiertes Mindesteinkommen, weil dadurch die effektive Freiheit, also die Bandbreite der tatsächlichen Handlungsmöglichkeiten, vergrößert wird und Menschen eine Sicherung vor unverhofften „Leidsituationen" erfahren.

Und schließlich sind die *sozialen Chancen* als Instrumente von Handlungsfreiheit notwendig. Unter dieser Begrifflichkeit fasst Sen jene Einrichtungen,

> „die Bildung, das Gesundheitswesen usw. bereitstellen und die sich auf die substantielle Freiheit des einzelnen auswirken, ein besseres Leben führen zu können [...] und die für eine effektive Teilnahme an ökonomischen und politischen Aktivitäten [unterstützend wirken]." (ebd., S. 300)

Die Gesellschaft benötigt Institutionen einer aktiven Zivilgesellschaft, die sich – neben dem Staat – der Freiheit des Einzelnen verpflichtet wissen, denn beginnend bei diesen Institutionen wird es den Menschen ermöglicht, am gesellschaftlichen Fortschritt teilzuhaben.

Die fünf aufgeführten instrumentellen Freiheiten sind von Sen als zentral für die äußere Freiheit aufgeführt und erweitern die Verwirklichungschancen (*capabilities)* eines jeden Individuums, in größerer Handlungsfreiheit zu leben. Sen setzt die äußere Freiheit radikal ins Zentrum seiner Überlegungen. „Mehr Freiheit stärkt die Fähigkeiten der Menschen, sich selbst zu helfen und auf die Welt einzuwirken." (ebd., S. 335f.) Es bedarf der Handlungsfreiheiten, um „ein erstrebenswertes Leben zu führen und reale Entscheidungsmöglichkeiten und vorhandene Fähigkeiten auszuweiten bzw. umsetzen zu können" (ebd., S. 336), und ermöglicht es dem Menschen, sich selbst zu helfen.

Die Erhaltung und Pflege der „Verwirklichungschancen" kann und muss Aufgabe des Rechtsstaates und der Bemühung des Gemeinwesens sein – und verpflichtet Soziale Arbeit als Teilangebot von Rechts- und Sozialstaatlichkeit zur Fokussierung der Erhaltung von Handlungsfreiheit, um den Menschen individuelle Möglichkeiten zu eröffnen („Fähigkeitsraum"), das Leben zu führen, das sie führen wollen (vgl. Kapitel 5.3).

3. „AUTOR SEINES EIGENEN LEBENS WERDEN – FREIHEIT ALS HANDWERK"

Wie in Kapitel 2.2 herausgestellt, unterscheidet sich das Handeln nach dem Willen vom zwanghaft-determinierten wie vom zufälligen Verhalten. Wir können trotz naturgesetzlicher Determination und kausalen Bedingtheiten, denen wir „ausgeliefert" sind, einen freien Willen entwickeln (vgl. Keil 2009, S. 25f.). Für Peter Bieri ist die Freiheit so etwas wie ein Handwerk – eine Begabung, eine Fähigkeit, eine Kunst – sich trotz Eingebundenheit in ein System von Bedingungen ein Urteil zu bilden und einen eigenen Willen anzueignen (vgl. Bieri 2005). Die Frage nach der Natur dieses Vermögens und der Neubesinnung steht im Zentrum der in der akademischen Philosophie geführten Willensfreiheitsdebatte.

Viele unserer Wünsche und Neigungen haben wir uns nicht selbst ausgesucht. Es ist unmöglich, dies zu leugnen. Deshalb muss es bei der Frage um Selbstbestimmung und innere Freiheit darum gehen, was mit den Wünschen und Neigungen, die wir durch die Bestimmungen der Außenwelt in uns vorfinden, weiter geschieht. Setzen sich Wünsche und Neigungen, gleichsam automatisch in Handlungen um oder haben wir die Möglichkeit (das Vermögen), innezuhalten, sie zu prüfen und uns gegebenenfalls von ihnen zu distanzieren (vgl. Keil 2009, S. 23f.)? John Locke und Rene Descartes haben im subjektiven Vermögen, innezuhalten und die eigenen Wünsche noch einmal zu prüfen, den wesentlichen Zug der menschlichen Willensfreiheit gesehen. Dabei ist nicht das Vermögen gemeint, das aktuell nicht Gewollte handlungswirksam zu machen, also wider seinen Willen zu handeln, sondern vielmehr die Fähigkeit, eine gegebene Motivlage nicht unmittelbar handlungswirksam werden zu lassen. Vorhandene Wünsche oder Antriebe setzt ein Mensch nicht natur- oder vernunftnotwendig in die Tat um, vielmehr bleibt er weiteren vernünftigen Gründen zugänglich und hat die Fähigkeit, weiter zu überlegen und sich gegebenenfalls anders zu entscheiden (vgl. Keil 2009, S. 24).

Der Unterschied zwischen einem Leben, in dem die Wünsche und Neigungen automatisch zu Handlungen werden und in dem sich jemand um sein „Denken, Fühlen und Wollen" (Bieri 2011, S. 11) kümmert, ist auch von Bieri als für die Willensfreiheitsdebatte zentral markiert. Selbstbestimmung zu verstehen heißt für ihn, den Unterschied von einem Leben, „das der Person nur zustößt und von dessen Erleben sie wehrlos überwältigt wird", und von einem Leben, in dem der Mensch „sein Autor und sein Subjekt" ist, herauszustellen (ebd.). Aber was kennzeichnet es, „Autor seines eigenen Lebens" zu sein und die Fähigkeit zu besitzen, „sich um sich selbst zu kümmern"?

Bieris Überlegungen sind kongruent mit denen der populären positiven Freiheitslehre in der Philosophie. Die fragliche Fähigkeit besteht darin, praktische Überlegungen anzustellen, bestehende eigene Wünsche zu prüfen und gegebenenfalls zu suspendieren und das Ergebnis dieses Abwägungsprozesses handlungswirksam werden zu lassen (vgl. Beckermann 2011, S. 305; Keil 2009, S. 27). Bieri konkretisiert diese Ausführungen in seinen Werken *„Das Handwerk der Freiheit. Über die Entdeckung des eigenen Willens"*, welches im Jahr 2005 erschienen ist, in seiner Kolumne in der „Zeit": *„Wie wollen wir leben?"* aus dem Jahr 2007 und in seiner im Frühjahr 2011 in der Akademie in Graz gehaltenen Vorlesungsreihe *„Wie wollen wir leben?"*, welche unter gleichnamigem Titel im selben Jahr publiziert wurde. Der Philosoph stellt dabei das Vermögen des reflektieren Könnens über das eigene Leben als „Handwerk zur Freiheit" heraus (vgl. Bieri 2005; Bieri 2007; Bieri 2011):

Bieri formuliert in seinen Ausführungen Selbstbestimmung durchweg im Konjunktiv: „Was wäre ein selbstbestimmtes Leben?", ist seine Leitfrage. Damit will er verdeutlichen, dass Selbstbestimmung keine feststehende Tatsache ist, sondern ein erstrebenswertes Ideal darstellt, das nicht in jeder Phase unseres Lebens zu uns gehört, und dass es Kraftanstrengungen bedarf, dieses Ideal zu erreichen. Für Bieri bedeutet die Fähigkeit der positiven Freiheit, „seinen eigenen Überzeugungen gemäß handeln zu können" (Bieri 2005, S. 120) und „einen Schritt hinter sich selbst zurückzutreten, einen inneren Abstand zum eigenen Erleben aufzubauen" (Bieri 2011, S. 12). Diese Distanz bedeutet *Erkennen* und geht einher mit den Fragen: Was ist es eigentlich, was ich denke, fühle und will? Und wie ist es zu diesen Gefühlen, Gedanken und Wünschen gekommen (vgl. ebd.)? Somit ist der erste Schritt zur Selbstbestimmung die Fähigkeit, unsere eigenen Überzeugungen (unser „Selbstbild") herauszufinden.

Die „Kategorie des Möglichen" ist ein wichtiger Gedanke:

> „Für Wesen wie uns, denen es um Selbstbestimmung gehen kann, ist die Kategorie des Möglichen von großer Bedeutung. […] Selbstbestimmung verlangt einen Sinn für das Mögliche, also Einbildungskraft, Phantasie." (ebd.)

Neben dem Erkennen stellt Bieri als zweite Variante der inneren Distanz die *Bewertung* des eigenen Lebens heraus (vgl. ebd.): Bin ich eigentlich zufrieden mit meiner gewohnten gedanklichen Sicht auf die Dinge – meinen Überzeugungen –, oder überzeugen sie mich nicht mehr (vgl. ebd., S. 12)? Dazu gehört die Fähigkeit, „Gedanken, Emotionen und Wünsche zweiter Ordnung zu entwickeln, die sich auf diejenigen erster Ordnung richten" (ebd., S. 13). Die *Selbsterkenntnis* steht im Mittelpunkt und die Frage, wer wir sein wollen. Selbstbestimmt in diesem Sinne ist jemand, dem es gelingt, so zu sein wie er sich gerne sieht (vgl. Bieri 2007), und hat sehr viel damit zu tun, dass wir uns selbst verstehen.

Was aber passiert, wenn ich herausfinde, dass diese Überzeugungen gar nicht meine eigenen Überzeugungen sind? Wenn ich merke, dass ich gar nicht der bin, der ich sein möchte?

> „Selbstbestimmt wäre unser Leben, wenn es uns gelingen würde, es innen und außen in Einklang mit unserem Selbstbild zu leben – wenn es uns gelingt, im Handeln, im Denken, Fühlen und Wollen der zu sein, der wir sein möchten. Und umgekehrt: Die Selbstbestimmung gerät an ihre Grenzen oder scheitert ganz, wenn zwischen Selbstbild und Wirklichkeit eine Kluft entsteht." (Bieri 2011, S. 13)

Um Selbstbestimmung zu erlangen, bedarf es also nicht nur der Fähigkeit, sich selbst zu erkennen, sondern als zweiten Schritt (nach dem Erkennen des *Selbstbildes)* der Fähigkeit, einen Prozess einzuläuten, durch den ich „mit mir selbst zur Deckung komme" (Bieri 2011, S. 14).

Wie aber hat man sich diese Schritte, dieses Vermögen, das von Bieri als das „Handwerk zur Freiheit" (vgl. Bieri 2005) bezeichnet wird, praktisch vorzustellen? Wie schaffe ich es, eine innere Stimme zu entwickeln, die „die Lebenszeit zur Zeit des eigenen Lebens macht" (ebd., S. 63)?

Selbstbestimmung hat viel mit „kritischer Distanz" und „Wachheit" zu tun (Bieri 2005, S. 416f.). Das oben beschriebene *Erkennen, Bewerten* und *Überwinden* muss erlernt werden und ist einem nicht von Geburt an automatisch mitgegeben.

Innerhalb seines Lebens, das ja von der Außenwelt mitbestimmt wird (vgl. Punkt 2.2), muss der Mensch die Fähigkeit des „bewussten Reflektierens" und der „bewussten Entscheidung" entwickeln. Für diese Entwicklung des Vermögens bedarf es eines Erfahrungs-, Lern- und Bildungsraums. „Die innere Umgestaltung kann nicht einfach beschlossen und durch seelische Alchemie verwirklicht werden." (Bieri 2011, S. 11) Es sind äußere Umwege und Kulissenwechsel notwendig: Neue Erfahrungen, neue Beziehungen, die Arbeit mit Trainern und Anreize von etwas, was bisher unbekannt gewesen ist (Bieri 2005, S. 280; Bieri 2011, S. 14). Der ganze Prozess ist ein Kampf gegen die innere Monotonie, gegen eine „Starrheit des Erlebens und Wollens" (ebd.). Der Mensch muss erlernen, sich über sich selbst bewusst zu werden und in ständiger Reflexion des eigenen Handelns zu sein. Bildung bedeutet für Bieri den Versuch, darüber nachzudenken, wer man sein möchte (Bieri 2005b). Zwei Fragen spielen dabei eine wichtige Rolle: Was genau bedeutet das? Und: Woher eigentlich weiß ich das? „Es gehört zu einem selbstbestimmten Leben, dass einem diese Fragen zur zweiten Natur werden." (Bieri 2011, S. 17)

Wie oben bereits angedeutet, ist es wichtig, über ein Spektrum an Möglichkeiten Bescheid zu wissen. Die Kategorie des „Möglichen" ist ein wichtiger Gedanke. Was wir zum Beispiel in literarischen Texten lesen, eröffnet uns ein Spektrum an Möglichkeiten: Wir erfahren, wie vielfältig und unterschiedlich es sein kann, ein Leben zu leben. „Das hätten wir uns vorher nicht gedacht, und nun ist der Radius unserer Phantasie größer geworden." (Bieri 2011, S. 25) Sartre geht noch ein Stück weiter und stellt das „eigene Erzählen" (Möbus 2000, S. 19) ins Zentrum der Entwicklung der Kategorie des Möglichen. In der Erzählung, so Sartre, entwickeln sich unbekannte Perspektiven, Neues. „Wenn man das Leben erzählt, verändert sich alles. [...]. Es geht um die Differenz von gelebter und erzählter Wirklichkeit" (ebd.). Man kann nur herausfinden, was einem wichtig ist und was man sein möchte, wenn man sich gedanklich in einem weiten Spielraum von Möglichkeiten situieren kann und weiß, was es alles gibt (vgl. Bieri 2011, S. 25). Dabei ist die Auseinandersetzung mit der Welt und bisher unbekannten Perspektiven, Lebenskonzepten und Meinungen „der Anderen" (ebd., S. 27) von zentraler Wichtigkeit.

Selbstbestimmt zu leben, kann nicht heißen, von „den Anderen" überhaupt nicht beeinflusst zu werden. Wir können uns unter den gegebenen Bedingtheiten, also auch unter der Beeinflussung „der Anderen", als frei verstehen. Was wir denken und meinen, hat viel mit den Anderen zu tun: Wir teilen die Sprache und eine Lebensform, wir werden unterrichtet, erzogen und verlassen uns auf Autoritäten. Wir sind keine gedanklichen Inseln.

> „Auch als Fühlende und Wünschende sind wir keine Inseln: Unsere Gefühle und Wünsche gelten oft den Anderen und hängen davon ab, was sie tun." (ebd., S. 28)

Begegnen sich Menschen, die die Erfahrung des Begegnens „als in sich wertvoll" betrachten, wo Emotionen die Reflexion überschatten, so besteht schnell die Gefahr, zum Spielball der Situation zu werden, in der die eigene „Stimme ausgelöscht" ist. In solchen Fällen werden wir als selbstständige Personen übergangen und sind fernab von Selbstbestimmung. Es gibt keine Identität, die in ihrem Entstehen und ihrer Gültigkeit ganz von „den Anderen" unabhängig ist. Eine selbstbestimmte Auseinandersetzung mit dem Gegenüber muss darin bestehen, sich stets von neuem zu vergewissern, wer man ist (vgl. ebd., S. 31). Der Blick muss in diesem Sinn geschärft werden, dass ich mich nicht abhängig mache von dem fremden Urteil, sondern die „fremde Perspektive" als Möglichkeit der Spiegelung sehe:

> „Was an mir sehen die Anderen, was ich nicht sehe? Was für Selbsttäuschungen deckt der fremde Blick auf? Auf diese Weise kann ich den fremden Blick zum Anlass nehmen, mein Selbstbild zu überprüfen und meiner Selbsterkenntnis eine neue Wendung zu geben" (ebd.).

Bieri führt somit die Wichtigkeit von der „Rolle der Anderen" (ebd., S. 30ff.) an und spricht dem Gegenüber einen wichtigen Part bei der Ermöglichung eines selbstbestimmten Lebens zu. Der Mensch, mit dem wir in sozialer Interaktion stehen, kann mich zu bevormunden versuchen, indem Manipulation und Täuschung hinter seiner planvollen Handlung steht. Auch ein beurteilender und vernichtender Blick behindert das Finden „einer eigenen Stimme". Andererseits ist die Interaktion mit „dem Anderen" der Selbstbestimmung förderlich, wenn dieser Andere meinen Möglichkeitshorizont erweitert (vgl. Kapitel 2.4) und ein „befreiender, anerkennender Blick" mir die Möglichkeit zur Spiegelung meines Selbstbildes gibt (Bieri 2005, S. 280ff.). Dies ist für die spezielle Beziehung von Sozialarbeiter und Adressat als besonders wichtig zu markieren (vgl. Kapitel 5.2).

Bieri bleibt in seinen Vorstellungen von der Erlangung von Selbstbestimmung auf einer philosophisch-theoretischen Ebene, die sich auf das Subjekt und seine individuellen Möglichkeiten, ein Leben in Übereinstimmung von Urteil und Wollen, bezieht. Der einzelne Mensch steht im Fokus und die entsprechende gesellschaftliche Ordnung, die mir den Rahmen ermöglicht, einen Großteil meines Willens zu verwirklichen, wird lediglich in den Überlegungen über „die Anderen" angedeutet.

Zusammenfassend kann gesagt werden, dass innere Freiheit nach Bieri mit den Fähigkeiten des *Erkennens* und der *Bewertung* des eigenen Lebens und schließlich mit der *Überwindung* der „Kluft", „wenn wir eine hartnäckige Zerrissenheit erleben, weil wir so ganz anders sind, als wir gerne sein möchten" (Bieri 2011, S. 14), verbunden ist. Dies ist als lebenslanger Prozess zu verstehen und der Mensch muss erlernen, sich über sich selbst bewusst zu werden und in ständiger Reflexion des eigenen Handelns zu sein. Bieri fokussiert das Subjekt, bei dem er die primäre Verantwortung für ein freies oder unfreies Leben verortet. Eine Soziale Arbeit mit dem professionsethischen Prinzip der Selbstbestimmung ist in spezieller Weise verpflichtet, die reflexiven Fähigkeiten der Adressaten zu fördern, damit deren tatsächlicher Wille – die Übereinstimmung von Wunsch und Willenshandlung – zur Basis sozialarbeiterischen Handelns wird (vgl. Kapitel 5.2).

4. SOZIALE ARBEIT „ZWISCHEN DEN STÜHLEN“

4.1 „Das Dilemma“, beauftragt zu sein

Professionelle Soziale Arbeit in ihren verschiedenen Formen richtet sich an die vielfältigen und komplexen Beziehungen zwischen Menschen und ihrer Umwelt. Die Aufgabe von Sozialarbeitern und Sozialpädagogen ist es, Menschen zu befähigen, ihre gesamten Möglichkeiten zu entwickeln, ihr Leben zu bereichern und Dysfunktionen vorzubeugen (vgl. IFSW 2007). Als fachlich fundierte Dienstleistung übt Soziale Arbeit sozialstaatlich, gesetzlich legitimierte Verantwortung in Form von Unterstützung und Kontrolle aus (vgl. Lutz 2011, S. 7) und versucht als

> „gesellschaftliches Allgemeinangebot [...] die Verschärfung von materiellen, kulturellen und sozialen Problemlagen bei denjenigen gesellschaftlichen Teilgruppen abzufedern [...], die unter den kapitalistischen Reproduktionsbedingungen aufgrund ihrer Marginalisierung leiden“ (Thole 2006, S. 446).

Sie ist bemüht, Armut zu lindern, verletzte, ausgeschlossene und unterdrückte Menschen zu befreien sowie die Stärken der Menschen zu erkennen und Integration zu fördern. „Freiheit in der Lebensgestaltung“ (Kessl/Otto 2006, S. 443) ist dabei seit den 1970er Jahren zum erstrebenswerten Ideal geworden und „Prozesse der aktiven Unterstützung von Subjektivierungsweisen in Fällen sozialer Problemlagen“ (ebd., S. 442) haben zentralen Stellenwert in der Sozialen Arbeit erreicht.[16]

---

16 Aktivierung von Selbsttätigkeit und Bereitstellung von dafür notwendigen Freiräumen gelten als politisches Konzept in der „neosozialen Neugestal-

Personenorientierte beziehungsweise adressatenzentrierte Interventions-techniken standen dabei in den frühen 1970er Jahren unter einem Vorwurf, der auf ein generelles Dilemma von Sozialer Arbeit aufmerksam macht: Sozialpädagogische Dienstleistungsangebote werden – neben Sozialversicherungssystemen und sozialpolitischen Versorgungs- und Unterstützungsstrukturen – als wohlfahrtsstaatliches Arrangement bereitgestellt und verpflichten Soziale Arbeit, die Bedingungen für das Funktionieren des kapitalistischen Systems zu kontrollieren. Dies soll neben der Verpflichtung gegenüber den Bedürfnissen des Individuums auf freiheitliche Willensbekundung geschehen und Soziale Arbeit geriet immer wieder in den Verdacht,

> „lediglich als Palliativum des entwickelten Kapitalismus [zu wirken], weil sie nicht in der Lage sei, die strukturellen Verursachungsmechanismen der Entstehung von gesellschaftlichem Elend und personalem Leid zu beseitigen, sondern sie bearbeite lediglich individuell die Folgen dieses Prozesses und vereinzele auf diese Weise die Individuen. Gerade dadurch, dass sie einerseits um die gesellschaftlichen Verursachungsbedingungen wisse, aber andererseits die Klienten [...] individualisiere, wirke sie der Bildung eines revolutionären Subjektes entgegen und perpetuiere gerade dadurch die ungleichheitsgenerierenden Bedingungen. Sie stabilisiere auf diese Weise letztendlich die Ausbeutungs- und Herrschaftsbedingungen." (Merten 2001a, S. 7f.)

Der genannte Vorwurf, Soziale Arbeit „helfe" bei der Individualisierung und Personalisierung gesellschaftlicher Problemlagen, widerspricht den zentralen Aufgaben einer Sozialen Arbeit, der es um die Entfaltung der Lebensmöglichkeiten konkreter Individuen und Gruppen geht. Diese „radikale Antithese zum ahistorischen Hilfeverständnis" (Galuske 2002, S. 129), im Rahmen derer Soziale Arbeit als Erfüllungsgehilfe des kapitalistischen Systems „ent-

---

tung des Sozialen" (Kessl/Otto 2006, S. 443). Unter politischen Forderungen, wie sie soziale Bewegungen und Vertreter Sozialer Arbeit in der 1970er und 1980er Jahren formulierten, rückt die Freiheit zur subjektiven Lebensgestaltung aber in spezifischer Weise in den Mittelpunkt: „Die Einlösung von Freiheitsrechten wird mit gesonderten Pflichten verbunden, mit dem Nachweis der Übernahme der Lebensgestaltungsverantwortung durch die betroffenen Akteure und Akteursgruppen selbst. Die Subjekte sollen sich als rational handelnde Unternehmer ihrer selbst begreifen. Verweigern sie diese Aufforderung, sehen sie sich mit Sanktionierungen wie der Ablehnung weiterer öffentlicher Unterstützung konfrontiert." (ebd., S. 444) larvt" werden sollte, wurde schon ab Mitte der 1970er Jahre in eine gesellschaftstheoretisch aufgeklärtere Theoriedebatte überführt, in der ein sozialstaatliches Verständnis Sozialer Arbeit entwickelt wurde (vgl. ebd., S. 129f.). Innerhalb dieser Debatte wurde die Sozialpädagogik nicht im ökonomisch-politischen Zentrum der Staatstätigkeit, sondern in den Lebensbereichen der Adressaten lokalisiert. Sie bearbeitet soziale Konflikte und ihre psychosozialen Auswirkungen aus der Perspektive und im Mikrokosmos der individuellen Lebensbereiche (vgl. Böhnisch 1982, S. 67). Gerade deshalb ist sie aber nicht autonom, sondern auch den sozialstaatlichen Mechanismen ausgesetzt, nur nicht primär im Funktionskontext des ökonomisch-politischen Systems. Trotzdem behält Soziale Arbeit eine Doppelfunktion: Sie soll zwar zuvorderst Lebenswelten stützen, zugleich aber dadurch auch den Staat von konflikthaften und politisch riskanten Auswirkungen aus diesen Lebenswelten entlasten und soweit wie möglich abschirmen. Soziale Arbeit hat ihre Wurzeln im System, so Michael Galuske, gleichwohl verlangt die Aufgabe der Stützung der Lebenswelt, sich auf ihre „Orte, Verkehrs- und Steuerungsformen" einzulassen, wenn man so will: die Seite zu wechseln, und zwar um den Preis der eigenen Funktionalität (vgl. Galuske 2002, S. 137). Rauschenbach konstatiert die Funktionalität Sozialer Arbeit folgendermaßen:

> „Sozialpädagogisches Handeln [...] ist im Kontext von gesellschaftstheoretisch zwischen lebensweltlicher und systemischer Rationalität gefassten Widersprüchen durch die professionelle Notwendigkeit charakterisiert, in spezifischer Weise zwischen Verständigungsorientierung und strategischer Orientierung, zwischen zweckrationaler und kommunikativer Vernunft, zwischen manipulativen und illokutionären Akten interessengeleitet zu oszillieren." (Rauschenbach 1999, S. 118)

Es wird sichtbar, dass der Auftrag professioneller Sozialen Arbeit komplex ist. Neben der Förderung von Adressaten in ihren Wünschen und Interessen – an der Tradition der Gemeinwesenarbeit anknüpfende Autoren würden sagen: neben der Orientierung am Willen (vgl. u.a. Hinte 2005) – gehören auch Interventionen zur sozialarbeiterischen Auftragslage, die der erklärten Willensbekundung des einzelnen Menschen zuwiderlaufen (können). Auf der Mikroebene der individuellen Lebensbereiche der Adressaten spielt das „Hilfeparadox" (Wolff 1990) der modernen Gesellschaft zusätzlich eine Rolle: Wie kann ich Hilfe so organisieren, dass sie nicht in Abhängigkeit endet, sondern die selbsthelfenden Kräfte sowie die Eigeninitiative gestützt werden (vgl. Bestmann 2007)?

Soziale Arbeit sieht sich gezwungenermaßen in einem „Spagat“ zwischen Hilfe und Kontrolle (vgl. Böhnisch/Lösch 1973), in der komplizierten Auftragslage, einerseits als „Normalisierungsagentur“ (Galuske/Thole 2006) zu agieren und andererseits die „Freiheit zur subjektiven Selbstbestimmung“ (IFSW 2007) zu fokussieren. Die Ausübung von Sanktionen, Aufsichtspflichten oder der Entzug von (persönlichen) Rechten spielen genau wie erzieherische Absichten, indem sich am Verhalten oder sogar am Charakter des Gegenübers abgearbeitet wird, nicht selten eine feste Rolle in sozialarbeiterischer Praxis. Diese Eingriffe implizieren bei Adressaten oftmals eine weitere Erfahrung des Gezwungenseins, die viele von ihnen allzu gut kennen, und konterkarieren damit das Ziel der Selbsthilfe, der Autonomie und der Mündigkeit.

Auf dieses „Dilemma“ Sozialer Arbeit, „zwischen den Stühlen des Individuums und der aktuellen Sozialpolitik zu sitzen“, wird im nächsten Kapitel 4.2 näher eingegangen, um daran anschließend in Kapitel 5 spezifische Perspektiven aufzuzeigen, damit das berufsethische Prinzip der Selbstbestimmung und Selbstermächtigung nicht konterkariert wird.

4.2 Die Auftragslage Sozialer Arbeit

4.2.1 Soziale Arbeit als intermediäre Instanz

Das zentrale Strukturmerkmal von Hilfe und Kontrolle der Dienstleistungsfunktion von Sozialer Arbeit wird unter verschiedenen Chiffren wie „Hilfe-Kontroll-Paradigma“ oder auch „doppeltes Mandat“ diskutiert (Böhnisch/Lösch 1973, S. 27ff.): In dieser Funktion ist der professionell Handelnde dazu angehalten,

> „ein stets gefährdetes Gleichgewicht zwischen den Rechtsansprüchen, Bedürfnissen und Interessen des Klienten einerseits und den jeweils verfolgten sozialen Kontrollinteressen seitens öffentlicher Steuerungsagenturen andererseits aufrechtzuerhalten“ (ebd., S. 27).

Im Begriff der Intermediarität ist diese Ambivalenz aufgehoben. Soziale Arbeit bewegt sich somit zwischen den Welten (System und Lebenswelt) und ist „Diener vieler Herren" (Galuske 2002, S. 137).

Um den Preis ihrer Funktionalität ist professionell angebotene Soziale Arbeit darauf angewiesen, sich auf die Strukturen der Lebenswelt einzulassen (Verpflichtung gegenüber der Adressaten), ohne dabei aber die „Leine" des systemischen Auftrags (Verpflichtung gegenüber Geldgeber und [Fach-]Öffentlichkeit) der „Bewahrung und Reproduktion von Normalzuständen beziehungsweise Normalverläufen" (Olk 1986, S. 6) ablegen zu können, die den eigenen Handlungsradius strukturell begrenzen (vgl. Skizze 2, S. 55).

Historisch betrachtet ist Soziale Arbeit das Produkt eines gesellschaftlichen Prozesses der „sozialen Verfügbarmachung als Kontroll- und Disziplinierungsinstitution unterprivilegierter gesellschaftlicher Gruppen" (Böhnisch/Lösch 1973, S. 22). Mit Kontrolle ist also meistens – in sozialkritischer Lesart – Herrschaft und Repression, genauer: Hilfe *als* Kontrolle gemeint. Dies wird im berühmten Armenpflegesystem der Stadt Elberfeld aus dem Jahr 1853 sichtbar, an dem sich zu der Zeit durchweg alle Gemeinden und Städte in ihren Fürsorgebestrebungen orientierten. Die Armenpfleger

> „sollten den jeweiligen Unterstützungsfall intensiv prüfen und überwachen, aber die Hilfsbedürftigen auch beraten und betreuen. Sie sollten Freunde und Helfer der Armen sein, zugleich aber ihnen gegenüber auch die finanziellen Interessen der Stadt vertreten. [...] Im Armenbesuch, im persönlichen Kontakt des Armenpflegers mit dem Betreuten, ist jene Form der beratend-betreuenden, aber auch kontrollierenden Dienstleistung schon angelegt, die für die soziale Arbeit kennzeichnend sein wird" (Sachße 2005, S. 671).

Es wird sichtbar, dass der Kontrollaspekt sozialpädagogischen Handelns strukturell angelegt ist und, wie Galuske es ausdrückt, „weder mittels ethischem Appell und per Akklamation noch durch die subtilsten Management-, Organisations- und Beratungstechniken aufzulösen" (Galuske 2002, S. 137) ist. Die strukturelle Qualität des Doppelcharakters Sozialer Arbeit wird von Lothar Böhnisch auch im Prozess ihrer Modernisierung hervorgehoben:

> „Sozialarbeit als strafende und kontrollierende Fürsorge vornehmlich für die Arbeiterbevölkerung tritt in den Hintergrund, und es bildet sich ein allgemeiner gesellschaftlicher Bereich ‚öffentlicher Erziehung'. Damit ist auch ein historischer Funktionswandel verbunden. Die klassische Doppelfunktion von ‚Hilfe und Kontrolle', welche die historische Grundstruktur der Sozialpädagogik/Sozialarbeit kennzeichnet, ist zwar nicht verschwunden. Sie hat aber eine neue – den Strukturproblemen des Sozialstaates angemessene – historische Qualität erhalten. Die ‚alte Funktion' der Repression und Kontrolle sozial und politisch abweichender Bevölkerungsgruppen ist – nun historisch gewandelt – in die heutigen Funktionen der ‚Sozialintegration' und der ‚sozialpädagogischen Verwaltung sozialer Probleme' eingegangen." (vgl. Böhnisch 1982, S. 24)

Galuske stellt resümierend fest: „Soziale Arbeit kann sich ihrer kontrollierenden Anteile nicht entledigen, sie kann sie allenfalls ‚kontrollieren', indem sie sie reflektiert." (Galuske 2002, S. 138) „Diener mehrerer Herren" und als „Normalitätsrepräsentation und -kontrolle systemisch beauftragt" zu sein (ebd., S. 135), macht es Sozialer Arbeit und ihren professionell tätigen Akteuren schwer, auf der Seite der Hilfsfunktion Menschen zu befähigen, in freier Entscheidung ihr Leben besser zu gestalten (vgl. IFSW 2007).

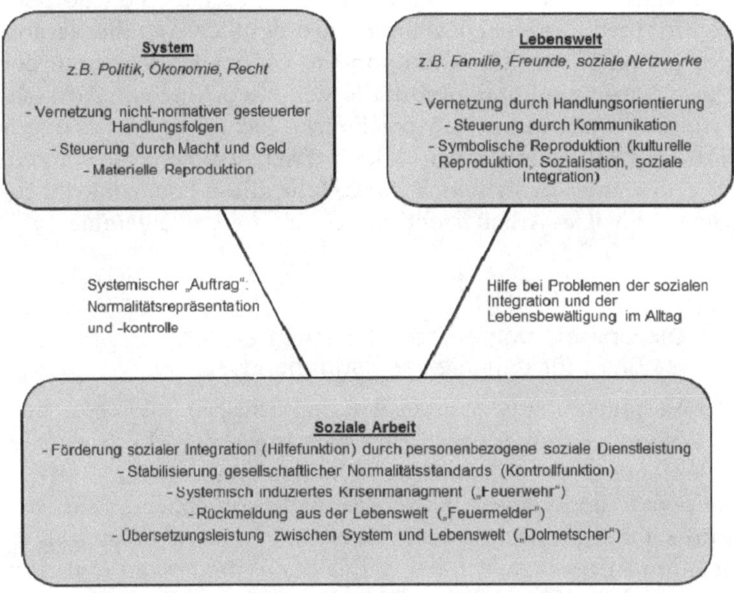

„Soziale Arbeit als intermediäre Instanz" (Abbildung 2 nach: Galuske 2002, S. 135)

Dies wird auch in der direkten Beziehungsarbeit der Handlungsfelder Sozialer Arbeit, im „Hilfeparadox" (Wolff 1990), sichtbar. Hilfe stärkt nicht in jeder Situation, sondern sie macht auch abhängig und schafft schiefe Ebenen, die eine Selbstbestimmung der Adressaten konterkarieren kann. Insofern schwächen die vielfältig entwickelten Hilfesysteme in der modernen Gesellschaft möglicherweise die selbsthelfenden Kräfte sowie die Eigeninitiative, die sie eigentlich stützen wollen (ebd., S. 22).

In den SGB-VIII-Reformen, die aufgrund von zahlreichen Fällen sexualisierter Gewalt gegen Kinder stattgefunden haben, lässt sich beispielhaft die staatliche Auftragslage der Kontrolle von Bürgern durch die Soziale Arbeit aufzeigen. Zwischen die Verantwortung der Eltern für die Erziehung (Art. 6 Abs. 2 S. 1 GG) und das Eingriffsrecht des Staates bei Kindeswohlgefährdung (§ 1666 BGB) wurde der Auftrag der Jugendhilfe zur Risikoabschätzung (§ 8a SGB VIII) geschoben. Der freiheitliche Verantwortungsbereich der

Eltern schrumpft und die allgemeine Problematik von Sozialer Arbeit in ihrem doppelten Mandat wird deutlich: Wo die Verantwortung und Kontrollfunktion von professionellen Akteuren der Sozialen Arbeit zunimmt, nimmt die Verantwortung von Adressaten ab. Der Diskurs um die persönliche Sicherheit von Bürgern – in diesem Falle von Kindern – kann Freiheitspotenziale stärken, birgt aber immer in sich auch die Gefahr, diese Potenziale zu reduzieren. Soziale Arbeit steht mitten in diesem Dilemma (vgl. Weber 2006, S. 8).

4.2.2 Die Orientierung an den Menschenrechten als Basis für den „Selbstbestimmungsauftrag"

In der Verpflichtung gegenüber den Bedürfnissen, Interessen und dem Willen des Individuums einerseits sowie der Mikrosysteme, den Bedingungen des staatlichen Rechtssystems und der aktuellen Sozialpolitik andererseits wird das widersprüchliche Feld von Einflussnahme und Einflussmöglichkeiten Sozialer Arbeit gegenüber ihren Adressaten sichtbar. Silvia Staub-Bernasconi fügt dem noch eine dritte Komponente hinzu: das eigene Professionsverständnis. Dies setzt sich aus der wissenschaftlichen Beschreibungs- und Erklärungsbasis, den wissenschaftsbegründeten Arbeitsweisen und Methoden, dem ethischen Berufskodex sowie den Menschenrechten als regulative Idee zusammen (vgl. Staub-Bernasconi 2007a, S. 200f.). Sie sieht die Menschenrechte und die wissenschaftliche Fundierung ihrer Methoden als Begründungsbasis der Profession Soziale Arbeit (Staub-Bernasconi 2007, S. 6f.):

- „Zum einen besteht [das dritte Mandat] […] aus der wissenschaftlichen Fundierung ihrer Methoden – speziellen Handlungstheorien –, von denen man annehmen kann, dass sie im Fall der Sozialen Arbeit soziale Probleme lindern oder auch vorbeugend wirken; wissenschaftliche Fundierung heißt Rückbezug auf transdisziplinäre Situations- und Problembeschreibungen und die sie erzeugenden Gesetzmäßigkeiten. Sie bedeutet zudem die Übersetzung von wissenschaftlichem Wissen in Handlungsleitlinien und birgt schließlich immer das Risiko, dass man den sogenannten ‚gesunden Menschenverstand', seine Alltagstheorien, Intuitionen, Werte und Methoden korrigieren muss.

- Zum anderen besteht das dritte Mandat aus dem Ethikkodex, den sich die Profession unabhängig von externen Einflüssen gibt und auch seine Einhaltung kontrolliert, kontrollieren sollte. […] Im Ethikkodex der SozialarbeiterInnen, aber auch in der internationalen konsensualen Definition Sozialer Arbeit sind im Besonderen Menschenrechte und Gerechtigkeit als ethische Leitlinien der Profession festgehalten. Sie sind die regulativen Ideen, nach welcher Problemdefinitionen, -erklärungen, -bewertungen und Veränderungsprozesse seitens der AdressatInnen wie der Träger beurteilt werden müssen. Aufgrund ihres Bezuges auf die Menschenwürde als Begründungsbasis verhindert sie zugleich die Abwertung der Hilfe an Individuen zugunsten struktureller oder fachpolitischer Arbeit."

Aus dieser Begründungsbasis heraus hat Staub-Bernasconi die „Menschenrechtsprofession" für die Soziale Arbeit entwickelt, die dahingehend kritisiert wird, dass dieses Etikett „lediglich einer akademischen Diskussion entspringt" und den „Berufsstand völlig überfordert" (Hinte 2016, S. 37f.).

> „Die akademisch induzierte Überhöhung sozialarbeiterischer Tätigkeit im Rahmen der Menschenrechtsprofessionsdebatte lenkt ab von den konkreten, täglich auftauchenden Herausforderungen im Rahmen der jeweiligen beruflichen Tätigkeit und konstituiert zudem einen geradezu erschlagenden Anspruch." (ebd., S. 48)

Natürlich unterscheiden sich professionelle Akteure in der Sozialen Arbeit nicht von anderen Berufsgruppen, die „ebenfalls in vielerlei Hinsicht zur Unterstützung von gelingendem Leben bis hin zur gerechten Gestaltung von gesellschaftlichen Verhältnissen beitragen" (ebd.). Neben der wohlplatzierten und auch durchaus berechtigten Kritik am „Menschenrechtswolkenkuckucksheim" (ebd., S. 38) sowie der formulierten Sorge, dass die Menschenrechte nicht exklusiv ein Profil für die Soziale Arbeit sind, kann der Menschenrechtsdiskurs aber den Zielfokus Selbstbestimmung innerhalb der Sozialen Arbeit unterstützen.

Theoretisch wie praktisch kann die Orientierung an diesen als übergeordnete Legitimationsbasis für die Annahme oder Verweigerung von Aufträgen dienen und damit für die Formulierung eigener Aufträge fungieren. Das heißt, die Orientierung an den Menschenrechten (ohne daraus gleich eine „überhöhte Menschenrechtsprofession" zu stricken) kann helfen, das in den Menschenrechten verankerte Recht auf Selbstbestimmung und somit das Mandat von Hilfe und Willensorientierung ins Zentrum des eigenen Handelns zu rücken, da ein „eigenes, wissenschaftlich und ethisch begründetes Referenzsystem" (Staub-Bernasconi 2007, S. 7) gegeben ist, das der Sozialen Arbeit eine kritische und reflexive Distanz gegenüber den Adressaten einerseits und den Auftraggebern andererseits ermöglicht (vgl. Müller 2001, S. 146).

Mit dem Bezug auf die Menschenrechte kann die Soziale Arbeit die Möglichkeit theoretischer wie ethischer Gesellschaftskritik erhalten und somit ein „spezielles" politisches Mandat.[17] Sie ist in dieser Lesart auch „ohne direktes politisches Mandat politikfähig" (ebd., S. 148), da die zentrale Voraussetzung für die Politikfähigkeit der Sozialen Arbeit die Entkoppelung von der „Politik" und ihrer Repräsentanten ist (vgl. Staub-Bernasconi 2007, S. 7). Mit dieser reflexiven Distanz verschaffen die Wissenschaftsbasierung und der Berufskodex mit seinen vergleichbaren Inhalten wie die der Menschenrechtserklärung der Sozialen Arbeit eine Legitimationsbasis für unabhängige Urteile und für eigenbestimmte, professionelle Aufträge (vgl. ebd.). Soziale Arbeit bekommt die Möglichkeit, sich politisch einzumischen, auf Missstände aufmerksam zu machen und diese aktiv zum Wohle der Menschen zu verändern (vgl. Kapitel 5.1). In den Menschenrechten ist das Recht auf Selbstbestimmung grundlegend verankert und da „Menschenrechte und soziale Gerechtigkeit konstitutiv sein sollten für das Handeln in zahlreichen Berufen" (Hinte 2016, S. 46), haben die Vertreter Sozialer Arbeit in Profession und Disziplin Selbstbestimmung als (einen) zentralen Auftrag zu formulieren. Dafür ist es nicht notwendig, die Soziale Arbeit gleich als Menschenrechtsprofession zu definieren und die Menschenrechtsverantwortung ausschließlich oder besonders dieser einen Berufsgruppe aufzuer-

---

17 An dieser Stelle kann nicht vertieft die Diskussion wiedergegeben werden, ob die Soziale Arbeit ein „politisches Mandat" innehat. Die intensiv geführte und emotional aufgeladene Debatte macht deutlich, dass beide Positionen – Befürworter sowie Gegner einer Sozialen Arbeit mit einem politischen Selbstverständnis – mit plausiblen Argumenten ihre Sichtweise untermauern (vgl. dazu exemplarisch Merten 2001). In diesem Buch wird eine Soziale Arbeit gezeichnet, die sich – neben dem Verhalten der Adressaten – als an den Verhältnissen des Sozialen Raumes und als an der Schaffung von Verwirklichungschancen arbeitende Profession versteht und somit „Gesellschaft" aktiv mitgestaltet (vgl. Bestmann 2008, S. 79; Kapitel 5.1 der vorliegenden Arbeit). Dies gibt ihr das „Politische" und somit ein „spezielles politisches Mandat".

legen (vgl. ebd.). Aber mit der Orientierung an diesen und der Möglichkeit zur kritisch-reflexiven Distanz gegenüber der Auftragslage „Normalisierungsarbeit" sind der Sozialen Arbeit die Türen zu einem willensorientierten Arbeiten geöffnet. Die Abwertung einer Auftragslage mit dem Fokus, „Menschen zu befähigen, in freier Entscheidung ihr Leben besser zu gestalten" (vgl. IFSW 2007) zugunsten von „Anleitung zur Anpassung" (Lutz 2011, S. 15), wird verhindert. Es entsteht die Möglichkeit, die „Orientierung an den Interessen und dem je eigenen Willen der Adressaten" zu fokussieren und somit eine Bevormundung und Fremdbestimmung „des eigenen Willens des Gegenüber" (Bestmann 2012, S. 3) zu verhindern.

5. SOZIALE ARBEIT UND DER (FREIE) WILLE

5.1 Zentrale Verantwortung: Menschen bei der Aktivierung ihrer subjektiven Kräfte unterstützen und Verwirklichungschancen hierfür schaffen

In Kapitel 4.1 wird das komplexe Verhältnis von Sozialer Arbeit zu einem freien Willen des Gegenübers deutlich. Sozialintegration durch die Schaffung von Normalität herzustellen, bedeutet im strengen Sinne eine Kanalisation von freien Willensbekundungen der Adressaten. Um dem Auftrag, „Menschen zu befähigen, in freier Entscheidung ihr Leben besser gestalten zu können" (vgl. IFSW 2007), und den Menschenrechten, in denen das Recht auf Selbstbestimmung grundlegend verankert ist (vgl. Punkt 4.2.2), gerecht zu werden, muss die Soziale Arbeit ihre Auftragslage als Verpflichtung gegenüber den Adressaten verstehen, sie bei dem Erreichen eines eigenständigen und selbstbestimmten Lebens zu unterstützen. Dabei gilt es, die systemische Auftragslage der „Normalisierung" zu überwinden. Die somit formulierte Verantwortung kann auf den folgenden beiden Ebenen konkretisiert werden:

1. Den einzelnen Menschen individuell zu unterstützen und ihm Räume zu eröffnen, indem seine subjektiven Kräfte und seine „innere Freiheit" entfaltet werden können, um ein Leben in der Moderne selbstverantwortlich führen zu können. Grundlegend gilt hier, die je „eigene Normalität der Subjekte" (Lutz 2011, S. 76) zu akzeptieren und aus professionsethischer Verpflich-

tung die Orientierung am (freien) Willen der Adressaten zu fokussieren (vgl. Kapitel 5.2).

2. Raum mitzugestalten, der von Freiheit und Verwirklichung gekennzeichnet ist und in dem die individuellen Fähigkeiten der Adressaten in den gesellschaftlichen Kontexten entfaltet werden können. Die Erweiterung von „Verwirklichungschancen" (Sen 2000) ermöglicht den Menschen die (äußere) Freiheit, „sich selbst zu helfen" (vgl. Kapitel 5.3).

In der Orientierung an dieser zentralen Verantwortung – Menschen bei der Aktivierung ihrer subjektiven Kräfte zu unterstützen und Verwirklichungschancen hierfür zu schaffen – würde der Kontrollaspekt, der zugespitzt auch als Anpassung interpretiert werden kann (vgl. Lutz 2011, S. 15), seine Polarisation zur Selbstbestimmung und Selbstverantwortung der Adressaten verlieren. Soziale Arbeit würde zwar den Aspekt von Kontrolle nicht vollends verlassen, diesen aber in eine Richtung verändern, der einen bemächtigenden Anspruch hat. Unterstützungs- und Interventionsmechanismen der Sozialen Arbeit wären so zu sehen, dass Menschen sich durch die Gestaltung ihrer Lebensführung anpassen (normalisieren im Sinne der erlebten Umweltanforderungen und normativen Regeln),

> „indem sie sich Neues aneignen, dies in den eigenen Lebensentwurf einbauen und sich damit auch weiterhin in der Welt orientieren und sich entwickeln" (ebd., S. 15f.).

Die je eigene Normalität und den freien Willen der Subjekte zu akzeptieren stößt – im Vergleich zur „Wächter- und Kontrollfunktion" (Galuske 2002, S. 136) – an erweiterte Grenzen, die aber nicht vollends aufgehoben sind. Denn: Eine Lebensführung muss in einer gewissen Übereinstimmung mit der kulturellen Umwelt erfolgen. Dies ist für jeden Menschen notwendig, um überhaupt in sozialen Gemeinschaften leben zu können.

> „Eine jede persönliche Veränderung und Neuausrichtung, die zugleich neue Handlungspotenziale erschließen, erproben und umsetzen soll, was ja das originäre Ziel der Sozialen Arbeit beinhaltet, erfordert immer eine Neuausrichtung an die Verhältnisse und deren normative Ordnungen" (Lutz 2011, S. 15).

Eine Soziale Arbeit, die sich so versteht, verliert die harte Intermediarität und das Mandat Auffälligkeiten zu überwachen und die Adressaten an Normalisierungsstandards anzupassen. Die Chancen menschlicher Entwicklung steigen, wenn sie nicht mehr durch scheinbar generell gültige Normalisierungsstandards eingeengt werden, sondern von den Menschen und deren Sorgen und der Suche nach Optionen für einen selbstbestimmteren und gelingenderen Alltag (vgl. Thiersch 2003) ausgehen. Das Bemühen, herauszufinden, was der jeweilige Gegenüber will, und somit die Suche nach dem Willen ist im Fachkonzept Sozialraumorientierung fest verankert und eine konzeptionelle Leitlinie, die die Individualität von Menschen ins Zentrum der Aktivität stellt (vgl. Kapitel 6). Alice Salomon (1872–1948), eine Vorreiterin der Verberuflichung und Professionalisierung der Sozialen Arbeit, hat bereits 1926 formuliert: „[…] jeder Versuch zu helfen, der nicht auf eine Bereitschaft des Hilfsbedürftigen stößt, ist zum Scheitern verurteilt" (Salomon 1926, S. 56). Deshalb hat Soziale Arbeit die *eine* zentrale Verantwortung (Lutz 2011, S. 16):

> „Menschen bei der Aktivierung ihrer Kräfte unterstützen, die zeitweise oder auf Dauer nicht ohne Hilfe in der Lage sind, sich in ihrer Umwelt einzurichten, ihren Verpflichtungen nachzukommen, sich zu verwirklichen und dabei Sinn, Identität und Wohlbefinden zu finden. Aktivierung ist dabei nicht im Sinne zu verstehen, Menschen in ihren Versuchen, dem Labyrinth[18] zu entkommen, zu zwingen oder sie gar alleine zu lassen, wenn es ihnen nicht gelingt, und dies ihnen dann als persönliches Versagen anzukreiden. Vielmehr ist Bemächtigung und Begleitung gemeint, um die eigengestaltete Lebensführung neu zu entwerfen und sie auch zu meistern. Dafür muss Soziale Arbeit sich an den Menschen *und* an den gesellschaftlichen Verhältnissen orientieren (sozial, kulturell, politisch, ökonomisch und rechtlich)."

Soziale Arbeit muss sich also – neben der Unterstützung zur Ermächtigung der Adressaten – politisch, strukturell einmischen, wenn gesellschaftliche Bedingungen und Hindernisse die Menschen so nachhaltig erschöpfen, dass Wege hin zu Selbstbestimmung und Handeln nach dem eigenen Willen für die Adressaten nicht zu ermöglichen sind. Dabei geht es nicht darum, den politi-

18 Labyrinth ist hier gemeint als „Verflechtung in soziale und ökonomische Verhältnisse", bei der Menschen ohne ausreichendes ökonomisches, soziales und kulturelles Kapital „verloren gehen" (Lutz 2011, S. 11).

schen Auftrag als Normalitätsrepräsentation und -kontrolle zu definieren, sondern Soziale Arbeit als Mitgestalterin von Verwirklichungschancen zu zeichnen. An den Verhältnissen des Sozialen Raumes zu arbeiten, bedeutet, „Gesellschaft" aktiv mitzugestalten und Beeinträchtigungen, die die Adressaten daran hindern, einen gelingenden Alltag zu leben, zu beschreiben und zu skandalisieren (vgl. Bestmann 2008, S. 92f.). Dies gibt ihr das „Politische" und somit ein „spezielles politisches Mandat". Diese Möglichkeit des eigenbestimmten Auftrags zu unabhängigen Urteilen kann in der Allgemeinen Erklärung der Menschenrechte ihre Legitimationsbasis finden (vgl. Staub-Bernasconi 2007, S. 7; Kapitel 4.2.2).

Soziale Arbeit kann zur Hilfe im Prozess hin zu einem selbstbestimmteren und freieren Leben werden, und zwar in Bezug auf die individuelle wie gesellschaftliche Dimension (Befreiung zu sich selbst, Befreiung zur Gesellschaft), indem sie für die Einzelnen und Gruppen reflexive Räume eröffnet, in denen individuelle Anliegen, Interessen und Bedürfnisse der Adressaten verhandelt und artikuliert werden können (innere Dimension der Freiheit), und gleichzeitig zur Schaffung von Öffentlichkeit beiträgt (äußere Dimension der Freiheit).

Im Folgenden wird dieser zentrale Auftrag Sozialer Arbeit auf den beiden Ebenen der „inneren Freiheit" (Kapitel 5.2) und der „äußeren Freiheit" (Kapitel 5.3) konkretisiert.

5.2 Soziale Arbeit und die innere Freiheit

Freiheit *zu* etwas, also genau genommen das Vermögen, das positive Freiheit ermöglicht, setzt menschliche Kompetenzen der Reflexion, also die Fähigkeit, seinen Willen in Abhängigkeit von seinem Urteil verändern zu können, voraus (vgl. Kapitel 2.2 und 3). Die innere Freiheit (Willensfreiheit), braucht Raum zur Ausprägung und Entwicklung dieser reflexiven Fähigkeit und ein anerkennendes, akzeptierendes Gegenüber, genau wie eine Umgebung, die von der Akzeptanz für die „je eigene Normalität des Individuums" (Lutz 2011, S. 76) geprägt ist. Um den Menschen „frei zu nennen", muss er aber nicht nur „Selbstbild und Wirklichkeit in Einklang bringen" (Bieri 2011), sondern er benötigt auch eine gesellschaftliche Ordnung und Rahmenbedingungen, die von

Freiheit gekennzeichnet sind (Verwirklichungschancen bieten), so dass ein Fähigkeitsraum zur Umsetzung des Willens ermöglicht wird (vgl. Kapitel 2.4 und 5.3).

Das professionsethische Prinzip der Selbstbestimmung und Selbstermächtigung, welches für eine hier gezeichnete emanzipatorische Sozialpädagogik Geltung findet (vgl. Kapitel 4), spricht den Menschen eine Würde zu, die ihrer Umwelt jede manipulative Fremdbestimmung verbietet (vgl. Oster 2005, S. 39; vgl. Punkt 2.1).[19] Diese grundlegende Anforderung bestimmt Soziale Arbeit, die sich in der direkten unterstützenden Beziehungsarbeit mit dem Menschen befindet, in besonderer Weise:

Für den mit dem Adressaten im direkten Kontakt stehenden Professionellen entsteht ein Rollenverständnis, welches keine Abhängigkeit durch Hilfe schafft, sondern auf die Unabhängigkeit und Selbstbestimmung des Adressaten fokussiert ist (vgl. Wolff 1990, S. 22). Die Verantwortung liegt darin, den Menschen zu einem selbstbestimmteren und gelingenderen Alltag zu verhelfen. Unabhängigkeit und Selbstbestimmung der Adressaten als Ziel setzt eine bestimmte Beziehungskonstellation zwischen Sozialpädagogen und Adressaten voraus. Eine nicht-urteilende Haltung und nicht die normierende Einwirkung auf die Welt der Adressaten (vgl. Kapitel 4.1 und 4.2) stehen als Prinzip, sondern die Unterstützung des Gegenübers bei der Entwicklung eigener Lösungsideen. Die fallspezifische Arbeit in diesem Kontext hat zum Ziel, das eigene Handeln direkt an den Interessen und dem Willen der Menschen auszurichten, die als „Experten für ihre Lebenswelt"

19 An dieser Stelle stellt sich die Frage nach ethisch vertretbarer Bevormundung und Paternalisierung bei Kindern und Jugendlichen. Wann und inwieweit kann ich – vor dem Hintergrund des professionsethischen Prinzips der Selbstbestimmung und Selbstermächtigung – einen Minderjährigen (also einen gesetzlich noch nicht mündigen Bürger unserer Gesellschaft) zulasten seines eigenen Willens, aber seinem persönlichen Wohl dienend, bevormunden? Diese Frage kann in diesem Buch nicht abschließend beantwortet werden, da hier die *idealtypische Zielrichtung* Sozialer Arbeit von Selbstbestimmung und freier Willensentwicklung und -umsetzung thematisiert ist und die Ausführungen sich zuvorderst auf „zur Mündigkeit fähige Erwachsene" beziehen (vgl. Punkt 2.2). Sicher scheint allerdings, dass für die Entwicklung des eigenen freien Willens von Kindern und Jugendlichen der oben angesprochene Raum zur Ausprägung und Entwicklung dieser reflexiven Fähigkeit und die Anerkennung und Akzeptanz der Individualität ebenfalls von zentraler Bedeutung sind.

verstanden werden (Grunwald/Thiersch 2005, S. 1137). Der Adressat muss hierbei in seiner Subjektstellung gesehen werden und ist nicht Objekt sozialarbeiterischer Behandlung. Damit werden die selbsthelfenden Kräfte sowie die Eigeninitiative der Adressaten im Sinne einer nachhaltig stabilisierenden „Hilfe zur Selbsthilfe" gefördert (vgl. Bestmann 2007). Nicht der ganze Mensch wird als Fall angesehen, sondern die problematische Lebenssituation, in welcher er steht und die es zu bewältigen gilt. Sofern der einzelne Mensch selbst als Fall gesehen wird, ist dies eine „Missachtung der Selbstsorge dieser Person und ihrer mündigen Wirkung wie auch ein Verstoß gegen die persönliche Autonomie" (ebd.). Der Adressat gewinnt dadurch, dass die Lebenssituation und nicht er selbst als Fall gesehen wird, an Mündigkeit. Er hat die Möglichkeit, seinen eigenen Fall zu sehen, sich hierzu seine eigene Meinung zu bilden und zu bestimmen, was zu einer Veränderung nötig ist. Der Experte für „seinen Fall" ist und bleibt der Adressat selbst. Der Sozialarbeiter muss verstehen, was das Problem aus Sicht des Adressaten ist: Sein Rollenverständnis ist in der Entwicklung und Beschreibung der eigenen Ziele des Adressaten unterstützend, genau wie in dem Prozess des Lösungsweges. Diese Herangehensweise ermöglicht eine größere optionale Vielfalt und Freiheit für den Adressaten, da der Sozialarbeiter nicht mit einem normativen Blick im Sinne einer sittlichen Persönlichkeitsentwicklung den Weg und das Ziel bestimmt, sondern individuell unterstützend hilft, die subjektiven Kräfte des Gegenübers zu entfalten (vgl. Hinte/Treeß 2007, S. 46). Diese Herangehensweise ist eine offene – offen in ihrer Entwicklung und keinem vordefinierten Plan folgend – und verlangt von dem Professionellen die Fähigkeit und Bereitschaft, „Ungewissheitsstrukturen" zu erdulden und zu ertragen (vgl. Lutz 2011, S. 77). Bei dieser prinzipiellen Zielsetzung der Entwicklung von mehr innerer Freiheit ist es von zentraler Wichtigkeit, eine ehrliche Wertschätzung für die Werte der Adressaten aufzubringen und der „anerkennende, akzeptierende Andere" (Bieri 2011, S. 30) zu sein (vgl. Kapitel 3). Das erfordert Demut vor den Werten des einzelnen Menschen und das Sich-Einlassen auf den Dialog als Methode, der auf gegenseitigem Vertrauen aufbaut.

Das eigene Handeln direkt an den Interessen und dem Willen der Menschen auszurichten, bedeutet aber auch, um die Grenzen und Schwierigkeit der Entwicklung eines eigenen Willens Bescheid zu wissen (vgl. Kapitel 2.2 und 3). Frei ist, wer sich in seinem Handeln an seinen Präferenzen auszurichten und somit selbst zu bestimmen vermag, auf welche Weise er sein Leben verbringen will (vgl. Pauen 2004, S. 15). Es reicht nicht aus, im existenzphilosophischen Sinne vorauszusetzen, dass der Mensch seinen freien Willen stets entwickeln und äußern kann und ich als Sozialarbeiter mein Handeln daran orientiere (vgl. 2.3). Es ist sozialarbeiterischer Auftrag, den Menschen, „dort wo ihm das Leben nur zustößt und von dessen Erleben er wehrlos überwältigt ist, so dass anstatt von einem Subjekt nur von einem Schauplatz des Erlebens die Rede sein kann" (Bieri 2011, S. 11), bei der Entwicklung und Ausprägung des freien Willens zu unterstützen, damit dieser einen „individuellen Entwurf der Freiheit" (Sartre 1946) schaffen kann. Nimmt man das Ziel, den Menschen ein Leben in Selbstbestimmung zu ermöglichen, wirklich ernst, muss es auch Aufgabe sein, Menschen bei der (Wieder-)Entdeckung des eigenen Willens spezielle „Schonräume" (Galuske/Thole 2006) zur Entwicklung dieser reflexiven Fähigkeit zu gewähren. Diese Schonräume müssen so eingerichtet werden, „dass jedem geholfen wird, zu seiner eigenen Stimme zu finden" (Bieri 2011, S. 34). Nicht nur die oben aufgezeigte Anerkennung der „je eigenen Normalität" des Adressaten (bis hin zur Toleranz von Lebensentwürfen, die gesamtgesellschaftliche Normalitätsvorstellungen gänzlich konterkarieren[20]) spielt hier eine zentrale Rolle, sondern auch die Bereitstellung von Instrumenten („Das Handwerk der Freiheit"; vgl. Kapitel 3), die die „Kategorie des Möglichen" erweitern: die Spiegelung von Selbstbild und Wirklichkeit des Adressaten im dialogischen Prozess, das gedankliche Eröffnen eines großen Spektrums an Lebensentwürfen, Identitäten und Spielarten menschlicher Beziehungen. Dies kann beispielsweise durch den Zugang zu Literatur und das vielfältige Ausdrücken und das Erzählen von eigenen Geschichten (z.B. durch theaterpädagogische Settings) geschehen. Aber auch die Vernetzung von Personen und Institutionen und

---

20 Grenzen dieser Toleranz sind dort zu ziehen, wo geltendes Recht überschritten wird und/oder die Freiheit von anderen Menschen und Menschengruppen eingeschränkt wird.

die Aktivierung zu Fragen der Bewertung und des Erkennens des eigenen Lebens unterstützen die Adressaten aktiv in der (Wieder-)Entdeckung, „der zu sein, der man wirklich sein möchte" (ebd., S. 13). Diese vielfältigen Unterstützungsformen sollen nicht außerhalb der Lebenswelt passieren, indem Soziale Arbeit die Menschen wie in einem therapeutischen Setting aus ihrer Lebenswelt und ihrem Sozialen Raum herausnimmt. Mit „Schonräumen" sind Situationen, sind Umgebungen und Momente in der Beziehungsarbeit gemeint, die im Alltag von der anerkennenden und aktivierenden Kultur geprägt sind, in denen die Adressaten die „Autorenschaft für ihr je eigenes Leben" wieder zurückgewinnen können (ebd., S. 11).

Die Arbeit an der inneren Freiheit der Adressaten – gerade auch in dieser komplexen Form des Findens der eigenen Stimme – ist ein zentraler Auftrag für eine Soziale Arbeit, die durch das professionsethische Prinzip der Selbstbestimmung und Selbstermächtigung geprägt ist. Neben diesen personenbezogenen, fallspezifischen Aufgaben, sind aber auch Ziele, die die Veränderung von äußeren Verhältnissen und die Erweiterung von Verwirklichungschancen fokussieren, als zentrale sozialarbeiterische Aufgabe formuliert (vgl. Kapitel 5.1). Denn das Ziel, den Menschen ein Leben in Selbstbestimmung zu ermöglichen, ist erst dann wirklich erreicht, wenn sich der tatsächliche freie Wille entwickeln konnte und Raum zur Umsetzung gefunden hat.

5.3 Soziale Arbeit und die äußere Freiheit

Freiheit *von* etwas (Handlungsfreiheit) ist die „Freiheit, zu tun, was man will, das heißt, nicht an der Verwirklichung seines Willens gehindert zu werden" (Keil 2009, S. 133). Keine „äußere Tyrannei" (Bieri 2011, S. 7f.) ist dann gegeben, wenn die äußere Ordnung von Wahlmöglichkeiten geprägt ist und gesellschaftliche Faktoren, die als Hindernis zur Verwirklichung des eigenen Willens aufzufassen sind und Menschen daran hindern, einen gelingenden Alltag zu leben, in Verhältnisse der Handlungsfreiheit transformiert werden.

Ich kann nur dann tun, was ich will, wenn ich es wirklich tun kann. Bei der Frage um ein praktisches Leben in möglichst hoher Selbstbestimmung, muss es, neben der Orientierung am Subjekt und seinem freien Willen, auch darum gehen, ob Handlungen des Einzelnen Raum zur Realisierung finden (vgl. Kapitel 2.3).

> „Soziale Arbeit als personenbezogene Dienstleistung ist stets auch eine am ‚Gesellschaftlichen' arbeitende Profession, am Verhalten der Adressatinnen und zugleich an den Verhältnissen des Sozialen Raums." (Bestmann 2008, S. 93)

Die Soziale Arbeit wird in der Öffentlichkeit häufig als eine Fachprofession verstanden, die das Hauptaugenmerk auf die individual-persönlichen Faktoren legt (vgl. ebd., S. 80). Auch für viele in Profession und Disziplin tätige Akteure ist die einzelfallbezogene Hilfe, die wirksame und nachhaltige Unterstützung für den Einzelnen, der primäre Fokus, auf den sich die Soziale Arbeit konzentrieren sollte (vgl. Merten 2001). Sieht sich die Soziale Arbeit aber als Profession, der es darum geht, „Menschen zu befähigen, in freier Entscheidung ihr Leben besser zu gestalten" (IFSW 2007), dann ist die Fokussierung auf die individual-persönliche Ebene eine Verkürzung des Auftrages. Die sozialpädagogische Zielsetzung des selbstbestimmteren und gelingenderen Alltags, der sich am (freien) Willen der Adressaten orientiert, bedarf eben auch der Ermöglichung von Handlungsfreiheit (vgl. Kapitel 2.3): Willensfreiheit bedeutet die Fähigkeit zur überlegten hindernisüberwindenden Willensbildung *und* Willensumsetzung (vgl. Keil 2009, S. 33). Soziale Arbeit muss sich demnach in der Pflicht sehen – dort, wo individuelle Verwirklichungschancen nicht in ausreichendem Maße gegeben sind und die Willensbildung durch äußere Umstände unmöglich wird –, die ursächlichen sozialstrukturellen Phänomene zu benennen und im Ideal zu verändern. Die Beseitigung dieser „Phänomene der Unfreiheit" ist grundlegende Voraussetzung für die Entwicklung des Menschen, „sich selbst zu helfen und auf seine Umgebung einzuwirken", so Amartya Sens zentrale These zur Entwicklung der Gesellschaft (vgl. Sen 2000, S. 335ff.). Für ihn spielen vor allem die Funktionen und Verflechtungen bestimmter instrumenteller Grundrechte, etwa der ökonomischen Chancen, der politischen Freiheiten, der sozialen Einrichtungen, der Gewährleistung von Transparenz und der sozialen Sicherheiten, eine zentrale Rolle (vgl. Kapitel 2.3). Nicht nur der

Staat ist für die Gewährleistung dieser im Rechtssystem verankerten Werte (vgl. Kapitel 2.1) zuständig, sondern eine Vielzahl von sozial, wirtschaftlich und politisch tätigen Institutionen sind laut Sen notwendig (vgl. Sen 2000, S. 10f.), um Lebenswelten zu gestalten und Verhältnisse zu schaffen, die es Menschen ermöglichen, in schwierigen Lebenslagen selbstbestimmter zurechtzukommen (vgl. Hinte/Treeß 2007, S. 10). Hier ist (auch) die professionelle Soziale Arbeit angesprochen. Diese ist in den Lebensbereichen der Adressaten lokalisiert. Sie arbeitet im „Mikrokosmos der individuellen Lebensbereiche“ (Böhnisch 1982, S. 67) und nimmt die Perspektive der Adressaten ein (vgl. Kapitel 4.1). Soziale Arbeit hat sich deshalb beim Anspruch, äußere Freiheiten zu realisieren, mit den gesellschaftspolitischen – vor allem auch lokalen politischen – Entwicklungen zu konfrontieren und sich an den Verhältnissen des kommunalen Sozialen Raums zu orientieren (vgl. Grunwald/Thiersch 2005, S. 1142). Dabei sind die Möglichkeiten und die Kräfteverhältnisse der Sozialen Arbeit zu konkretisieren. Das „Aufmerksammachen“ auf verwehrte Teilhabechancen und auf eine ungleiche „Verteilung sozialer, symbolischer, ökonomischer und sonstiger Kapitalien“ (Bestmann 2008, S. 91) sollte sozialpädagogischer Anspruch sein. Die Akteure der Sozialen Arbeit können auch versuchen, dort im Ideal Verhältnisse zu verändern, wo es möglich ist, allerdings besteht die Gefahr, dass sich einzelne Sozialarbeiter „übernehmen, da der Ausgleich bzw. Nichtausgleich maßgeblich in der Sozialpolitik verankert ist“ (ebd.). Soziale Arbeit hat ihre zu reflektierende Praxis also an den Lebenswelten der Menschen auszurichten und muss sich auf dieser Grundlage an politischen Debatten beteiligen, muss dort auf Missstände aufmerksam machen und die „Phänomene der Unfreiheit“ auf der lokalen Ebene anfechten. Es muss bei der Ermöglichung von Entwicklungsräumen um „politische Einmischung“ gehen (vgl. Lutz 2011, S. 99).

> „Die Perspektive der Sozialen Arbeit liegt […] darin, neue Fragen aufzuwerfen, sie einzubringen und neue Antworten zu fordern und sie selber einzubringen. (..). Hierfür muss sich Soziale Arbeit konstruktiv und kritisch einmischen, Position beziehen, anklagen und einfordern. […] Es ist ein Fordern in öffentlichen Debatten (aufdecken und einmischen) und ein fördern, unterstützen, aktivieren und begleiten der [Adressaten]. […] Einmischen meint auch, den Wohlfahrtsstaat weiter zu entwickeln. […] Dabei ist immer wieder zu verdeutlichen, dass […] der Wohl-

> fahrtsstaat selbst, in welcher Form auch immer, die Voraussetzung für die individuellen Freiheits-, Gestaltungs- und Handlungsspielräume der Lebensführung schafft." (ebd.)

Eine Soziale Arbeit, die also für die Erweiterung und/oder (Wieder-)Herstellung von Verwirklichungschancen der Adressaten eintritt, also indirekt oder direkt an instrumentellen Freiheiten arbeitet, hat die Lebenswelt und auch den sozialräumlichen Bezug der jeweiligen Personen somit nicht nur im Blick, sondern auch im aktiven Handeln. Diese sozialräumliche Dimension wird als „fallunspezifische Arbeit" beschrieben (vgl. Hinte/Treeß 2007), da die sozialräumlichen Ressourcen zunächst nicht konkret in der Arbeit mit dem einzelnen Adressaten eingesetzt werden, sondern entdeckt, gefördert und – mit Hilfe von politischer Einmischung – aufgebaut werden (vgl. ebd.). Die Fachkraft erschließt sich Kenntnisse in einem Sozialraum, ohne bereits zu wissen, ob diese Ressourcen für die zukünftige Arbeit wirklich benötigt werden (vgl. Bestmann 2014, S. 88). Fallunspezifische Arbeit ist folglich eine sozialräumlich orientierte Netzwerk- und Strukturarbeit, die dazu beiträgt, die äußeren Strukturen im Sozialen Raum zum Ziel einer selbstbestimmten und selbstbefähigten Lebensführung der Adressaten zu verbessern. Lebenswelten sollen dem Ideal nach so gestaltet und Verhältnisse so geschaffen werden, dass Menschen Handlungsfreiheit ermöglicht wird, besser und selbstbestimmter in schwierigen Lebenslagen zurechtzukommen. Sozialraumorientierung (SRO) ist die Bezeichnung für die konzeptionelle Ausrichtung Sozialer Arbeit, bei der es nicht (primär) darum geht, Einzelpersonen mit pädagogischen Maßnahmen zu verändern, sondern die äußeren Strukturen nutzbar und freiheitlich zugänglich zu machen. Den „inneren Kern" (vgl. Hinte/Treeß 2007, S. 108) dieses Handlungskonzeptes Sozialraumorientierung bildet der konsequente Bezug auf die Interessen und den *Willen* der Menschen,

> „dem Aspekte wie der geografische Bezug, die Ressourcenorientierung, die Suche nach Selbsthilfekräften und der über den Fall hinausreichende Feldblick logisch folgen" (Hinte 2008).

Da das Fachkonzept Sozialraumorientierung einen starken Bezug des Willens des Individuums zugrunde legt und eine Sozialpädagogik stark macht, die „Mitgestalterin von Verwirklichungsstrukturen" (Lutz 2011, S. 76) ist, wird folgend die SRO als Beispiel für eine Soziale Arbeit mit dem Fokus auf Selbstbestimmung und Willensorientierung vorgestellt (Kapitel 6).

6. „SOZIALRAUMORIENTIERUNG“: DER WILLE DER ADRESSATEN ALS BEZUGSPUNKT

Die sozialpädagogische Unterstützung von Adressaten auf dem Weg hin zu einem selbstbestimmteren und gelingenderen Alltag muss sich direkt am Menschen (vgl. Kapitel 5.2) und zugleich an den Verhältnissen des Sozialen Raums (vgl. Kapitel 5.3) orientieren. Dabei gilt es als Maxime, den Menschen in seiner je eigenen Normalität zu akzeptieren, ihn nicht mit normierendem Interventionshandeln in eine Normalitätsvorstellung zu „(er)ziehen“ (Überwindung des „doppelten Mandats“; vgl. Kapitel 4), sondern auf seinen Kräften und seinem (freien) Willen aufbauend ihn dabei zu unterstützen, individuelle Lösungswege zu entwickeln.

Erziehungskritische, am Willen und den Interessen der Adressaten orientierte Positionen sind seit der Debatte um antipädagogische und non-direktive Konzepte und Ansätze in der Sozialen Arbeit salonfähig geworden. Ob als „Kraftquelle“ (z. B. Fehren/ Hinte 2013, S. 14), „Zugkraft zur Veränderung“ (Lüttringhaus/ Streich 2007, S. 137) oder „potenziell subversiv“ (Hinte 2014, S. 13) definiert – der Wille ist Ausdruck eigensinniger Individualität, die nicht durch Expertenwissen („Ich weiß, was für dich gut ist, und das tun wir jetzt“) und bevormundende, erzieherische Prozesse verschüttet werden soll.[21] Die Vorstellung vom Willen[22] als inne-

21 In der Fachliteratur gibt es eine wachsende Zahl an Vertretern, die behaupten, eine Soziale Arbeit mit einer (radikalen) Willensorientierung verliere ihren emanzipatorischen Ansatz, da der Wille letztendlich Produkt der jeweiligen sozialen Lage ist und gesellschaftliche Ungleichheiten hierdurch reproduziert werden (vgl. z.B. Landhäußer 2009, Oelkers/Schrödter 2010, Kessl 2011). Diese Argumentationslinie widerspricht implizit der Mündig-

rer Kern jeglicher Handlungen und die Orientierung an der inneren sowie an der äußeren Freiheit findet sich in der konzeptionellen Ausrichtung „Sozialraumorientierung" wieder.

Sozialraumorientierung hat sich in den vergangenen Jahren „zu einer der schillerndsten Etikette in der Sozialen Arbeit" entwickelt (Fehren/Hinte 2013, S. 7). Sozialraumorientierte Soziale Arbeit ist laut Wolfgang Hinte, ein „hochgradig personenbezogenes" Konzept sowie gleichzeitig eines mit sozialökologischen und auf die Veränderung von Verhältnissen angelegten Zielen. Sozialraumorientierte Soziale Arbeit ist keine neue Theorie,

> „sondern eine unter Nutzung und Weiterentwicklung verschiedener theoretischer und methodischer Blickrichtungen entwickelte Perspektive, die als konzeptioneller Hintergrund (Fachkonzept) für das Handeln in zahlreichen Feldern sozialer Arbeit dient" (ebd.).

Man kann die SRO als Erweiterung der Gemeinwesenarbeit (GWA) verstehen, welche „präzisiert, ergänzt und erweitert wurde" (Hinte 2005, S. 539f.) und die an den Lebensweltbezug (Lebensweltorientierung) von Hans Thiersch anknüpft (vgl. ebd., S. 540). Dabei sind aus der Tradition der GWA zwei Aspekte bis heute von besonderer Bedeutung, die wesentliche Grundlagen für das in den 1990er Jahren entwickelte Fachkonzept SRO geworden sind (vgl. Hinte 2005, S. 537, Hinte 2014, S. 12):

- Die Orientierung an den Interessen der Wohnbevölkerung. Mit der Einführung des Begriffs des Willens wurde der Versuch gestartet, den Subjekt-Bezug zu konkretisieren.

---

keit eines Subjekts, weil davon ausgegangen wird, der Wille wird ausschließlich von außen determiniert.

22 In den unterschiedlichen Ausführungen (vgl. Hinte 2005, 2007, 2008, 2014; Hinte/Treeß 2007; Fehren/Hinte 2013; Bestmann 2007 und 2012) ist durchgehend vom *Willen* der Adressaten als Bezugspunkt die Rede. Dies wird in dieser Arbeit als die Orientierung am *freien Willen* der Adressaten verstanden. Ob und wo die Autoren zwischen dem *Willen* und dem hier ausgearbeiteten *freien Willen* unterscheiden, ist an dieser Stelle nicht abschließend festzustellen. Dieser Frage widmet sich der Autor dieses Buches in seiner Dissertation, die als Vergleichsarbeit angelegt ist.

- Die sozialökologische Sichtweise, die sich vornehmlich in der territorialen Ausrichtung aktivierender und organisierender Tätigkeiten ausdrückt und nach wie vor als Verständnis, dass räumliche Bedingungen durch die Aktivität betroffener Menschen im Sinne dieser Menschen zu ändern sind, Geltung findet.

Neben der Tradition der GWA und der Anknüpfung an das Lebensweltkonzept speist sich das Fachkonzept SRO auch aus erziehungskritischen und humanistischen Theorien (vgl. Fehren/Hinte 2013, S. 12). Die zentrale Formulierung der Sichtweise, dass der Wille, die Interessen und die Ressourcen in den Vordergrund gerückt werden, gehen nicht zuletzt auf den US-amerikanischen Psychologen und Psychotherapeuten Carl Rogers (1902–1987) zurück. In den theoretischen Grundlagen der „non-direktiven Pädagogik" (vgl. Hinte 1990), wurden die Gedanken des „unverwechselbaren Individuums" (ebb, S. 58) aufgegriffen. Das optimistische Menschenbild der Humanistischen Psychologie ist grundlegend für die non-direktive Pädagogik, die wiederum als Basis für die methodischen Handlungsprinzipien des Fachkonzeptes SRO dient. Rogers hielt nichts von Diagnose und vertraute sich konsequent der Führung seines Gegenübers an. Dabei vertraute er in idealistischer Weise darauf, dass der Mensch einen konstruktiven Kern hat, vertrauenswürdig ist und alle Ressourcen besitzt, um ein Leben in der ihm gemäßen Art und Weise zu gestalten (vgl. Fehren/Hinte 2013, S. 13). In Anlehnung an den österreichischen Neurologen und Psychiater Viktor Frankl und die Existenzphilosophie des Dänen Sören Kierkegaards (s. Kapitel 2.3) entwickelte Rogers ein Menschenbild, in dem jedes Individuum seine „eigene Einstellung innerhalb jeder gegebenen Anordnung von Umständen wählen kann" (Trein 2010, S. 55). Dies führte konsequenterweise dazu, dass Rogers „systematische Lenkung, dominantes Therapeutenverhalten und expertokratisches Auftreten" vermied und Achtung, Wertschätzung und emotionale Wärme zu wesentlichen Bestandteilen der von ihm propagierten Haltung wurden (Fehren/Hinte 2013, S. 12).

SRO wagt einen Brückenschlag zwischen der angeführten Humanistischen Psychologie Rogers' und der Gemeinwesenarbeit und verknüpft diesen „Personenbezug" mit dem Ziel, dazu beizutragen, „Lebensbedingungen so zu gestalten, dass Menschen dort entsprechend ihren Bedürfnissen zufrieden(er) leben können" (ebd., S. 13). Ins Zentrum des Fachkonzeptes Sozialraumorientierung wurden konsequenterweise die Lebensthemen und der Wille der Menschen, ihr Alltag und ihre Lebensweltbezüge und damit einhergehend der soziale Raum gesetzt (vgl. Bestmann 2007). Das heißt, dass als Grundlage für die Vorgehensweise der Fachkräfte eine entsprechend reflektierte Haltung dient, die durch das Bemühen gekennzeichnet ist, herauszufinden, was der jeweilige Gegenüber will. Die Konsequenz für professionelles Handeln heißt entsprechend, dass die Menschen, mit denen gearbeitet wird, nicht zu etwas motiviert werden, was der Sozialarbeiter oder der Hilfeplan vorsieht, etwa nach dem Motto „Wo mein Wille ist, ist dein Weg" (vgl. Lüttringhaus/Streich 2007, S. 137), sondern die Suche nach den eigenen Motivationen der Menschen ist zentraler Ansatzpunkt. Als Professioneller ist man darauf angewiesen zu erfahren, welche Sichtweisen und Deutungen die Betroffenen haben. Dies ist der Kern der Arbeit, der Ansatz am Willen.

> „Ich will alles dafür tun, alle meine Möglichkeiten einsetzen und ausschöpfen, um eine Veränderung herbeizuführen. Im Willen steckt die eigene Motivation und damit die Zugkraft zur Veränderung" (ebd.).

Die Suche nach dem Willen führt zu einem aktiven Subjekt mit eigener Weltsicht und der Möglichkeit auf einen eigenen, freiheitlichen Lebensentwurf, trotz aller Einbindungen in Milieu und Lebenswelt (vgl. hierzu die Ausführung in Punkt 5.2). Nicht immer ist dieser Wille im klassischen Sinne reflexiv bewusst, kann aber im Kontakt mit den Professionellen (wieder)entdeckt und formuliert werden (Hinte 2014, S. 13; Nuss 2013, S. 222ff.). Weil der Adressatenwille „potenziell subversiv [...], [für den Sozialarbeiter] nicht berechenbar, gelegentlich lästig, störrisch und nicht domestizierbar [ist] und [...] keinem pädagogischen Plan [folgt]" (Fehren/Hinte 2013, S. 14), ist er „Ausdruck eigensinniger Individualität und führt oft zu den psychischen Kraftquellen des Menschen, aus denen er Energie und Würde schöpft" (ebd.). Die Suche nach den Zielen, die Menschen in ihrem Leben erreichen wollen, und den darauf bezogenen, „lebensgeschichtlich ausgebildeten Kompetenzen" (ebd., S. 15) zu unterstützen, gehört zum Professionsverständnis eines sozialraumorientierten Sozialarbeiters. Das Kreieren von passgenauer Unterstützung

> „fördert dabei die Selbsttätigkeit der Menschen in einer Art und Weise, dass die professionelle Fachkraft nicht klassisch als ‚Hilfe' fungiert, sondern als Unterstützer/in von Eigenaktivität und geschickte Gestalter/in von Hilfsarrangements, die die Betroffenen gezielt, passgenau und effizient dabei unterstützen, ihr Leben selbst zu bestimmen und ein von professioneller Hilfe unabhängiges Leben zu führen" (ebd., S. 15f.).

Es geht also im Verständnis der SRO nicht darum, den Menschen normierend zu verändern, sondern darum, unter aktiver Beteiligung der betroffenen Menschen Situationen zur Verbesserung ihrer persönlichen Lebenssituation zu gestalten und dabei in der Orientierung am Willen ein selbstbestimmteres Leben des Gegenübers zu ermöglichen. Dabei ist zu beachten, dass eine willensorientierte Arbeit die Adressaten gerade nicht im neoliberalen Verständnis alleine lässt („Die Leute können ja, wenn sie nur wollen") und Schuldzuweisungen für prekäre Lebenssituationen gibt (vgl. Noack 2015, S. 109). Insofern ist es von hoher Bedeutung, dass ein Wille sich auf Zustände (Ziele) bezieht, die die Adressaten nach eigener Kraft und eigener Einschätzung auch wirklich erreichen können (vgl. ebd.).

Das Fachkonzept Sozialraumorientierung sieht sich fünf Prinzipien verpflichtet:

(1.) Der Orientierung am Willen des Menschen,
(2.) Unterstützung von Eigeninitiative und Selbsthilfe,
(3.) Konzentration auf die Ressourcen (der Menschen und des Sozialraumes),
(4.) einer zielgruppen- und bereichsübergreifende Sichtweise, sowie
(5.) der Kooperation und Koordination.

(1.) Der *Wille der Adressaten* wird also der Bezugspunkt der Arbeit, um den sich die Handlungen der Sozialen Arbeit aufbauen. Dies impliziert einen starken eigenen Bezug des Individuums und setzt ein damit verbundenes Einbringen des selbigen voraus. Deshalb muss zu Beginn einer jeden Zusammenarbeit erst einmal geklärt werden, ob der Mensch überhaupt etwas verändern möchte (vgl. Bestmann 2012). In der Sozialraumorientierung wird – wie oben bereits erwähnt – davon ausgegangen, dass der Wille des Menschen „eine wesentliche Kraftquel-

le" für Aktivitäten zur Gestaltung des eigenen Lebens und des Wohnumfeldes darstellt (vgl. Hinte 2008, S. 3).

> „Der Wille ist eine Haltung, aus der heraus ich selbst nachdrücklich Aktivitäten an den Tag lege, die mich dem Erreichen eines von mir erstrebten Zustandes näher bringen." (ebd.)

Dabei hat der Mensch seine Ressourcen zur Verwirklichung des Zustandes selbst in der Hand, was für den professionellen Akteur eine bestimmte Handlungsrichtung vorgibt und sein Rollenverständnis und seinen Arbeitsansatz stark beeinflusst. Der Mensch wird nicht zum Objekt sozialarbeiterischer Handlungen. Keine „Vorab-Definition" eines wünschenswerten Willens" (ebd.) soll erfolgen, bei der der Sozialarbeiter als Experte schon weiß, was für den Adressaten das Richtige ist. Der einzelne Mensch soll in seinem Status eines selbst aktiven Subjektes verbleiben, das in seiner je eigenen Wahrnehmung und Gestaltungsfähigkeit ernst genommen wird. Der Mensch selbst ist derjenige, der definiert, was für ihn einen gelingenderen Alltag darstellen kann, ob er diesen überhaupt erreichen will und wie der Weg dorthin möglicherweise gestaltet werden kann (vgl. Bestmann 2012). Bei der Suche nach dem Willen konzentriert sich der professionelle Akteur auf solche Inhalte und Situationen, die nach Einschätzung der Betroffenen vorrangig durch eigene Kraftanstrengungen, aber auch unter Nutzung sozialarbeiterischer Unterstützung realistisch erscheinen. Der Respekt vor dem Eigensinn der Menschen, der die Grundlage für eine Haltung ist, aus der heraus die jeweils subjektiven Entscheidungen der Menschen nicht bewertet oder verurteilt werden, sondern als Ausgangspunkt für Kooperation, Abstimmung oder auch Auseinandersetzung genommen werden, ist zentraler Baustein des sozialräumlichen Konzepts (vgl. Hinte 2008, S. 3).

(2.) Die *Unterstützung von Eigeninitiative und Selbsthilfe* als zweites Prinzip der sozialraumorientierten Sozialen Arbeit fokussiert die Aktivierung der eigenen Kräfte der Adressaten, damit diese rückblickend sagen können: „Das habe ich selbst geschafft" (vgl. ebd., S. 5). Eigene Aktivität hat grundsätzlich Vorrang vor betreuender Tätigkeit durch den professionellen Akteur. Wer

aus eigenen Kräften etwas gibt und für sich selber tut, wird daraus mehr Selbstwertgefühl entwickeln als derjenige, der ausschließlich empfängt und von dem nichts erwartet wird, so das Prinzip. Auf der Grundlage einer aufmerksamen Erkundung des Willens des Menschen, wird mit diesem gemeinsam ein Plan entwickelt, bei dem der Beteiligte im Rahmen seiner Möglichkeiten zum Gelingen der jeweiligen Situation beiträgt. Es geht also insbesondere darum, herauszuarbeiten, was der Adressat selbst tun kann, um seinen eigenen Vorstellung und seiner Willensbekundung im konkreten Alltag durch eine folgende Willensumsetzung ein Stück näher zu kommen.

(3.) Dabei wird darauf geachtet, dass die vorhandenen *Ressourcen der Menschen und des Sozialraums* genutzt werden. Sozialraumorientierte Ansätze richten ihr Augenmerk immer auf die Ressourcen/Stärken der Menschen, die selbst bestimmen, was eine Ressource sein kann und was nicht (vgl. Bestmann 2012). Dies bezieht sich ebenfalls auf die Ressourcen des Sozialraums, „die in ihrer Nutzbarkeit abhängig von der individuellen Betrachtungsweise sind" (ebd.). Das Vertrauen in die Fähigkeiten eines Menschen spielt hier eine entscheidende Rolle im Wissen, dass jeder einzelne Mensch etwas kann. Der Hinweis auf die Ressourcen von Menschen ist als Handlungsmaxime Sozialer Arbeit eine wirksame Möglichkeit, Menschen dabei zu unterstützen, „unabhängig zu werden von sozialstaatlicher Alimentierung und in Würde eigenständig ihre Belange auch in prekären Situationen selbst in die Hand zu nehmen" (Hinte 2008, S. 9). Hinte weist darauf hin, dass das Prinzip „Orientierung an den Ressourcen" sich ins Gegenteil verkehrt, wenn es als sozialpolitische Maxime missbraucht wird und auf den Ausgleich von Arm und Reich und politische Umverteilungsprozesse verzichtet wird (vgl. ebd.). Wenn benachteiligte Wohnquartiere sich nach der Devise „Die sollen mal auf ihre eigenen Ressourcen zurückgreifen" selbst überlassen bleiben, ist damit die oben angesprochene Gefahr formuliert, dass eine willens- und ressourcenorientierte Arbeit die Adressaten im neoliberalen Verständnis alleine lässt. Soziale Arbeit hat sensibel darauf zu achten, dass „das selbst in die Hand nehmen" nicht als sozialpolitische Möglichkeit interpretiert wird, keinen Ausgleich zu schaffen. Der Auftrag, aktiv an der Verbesserung der äußeren

Gegebenheiten zu arbeiten, geht durch den Hinweis auf die Ressourcen nicht verloren (vgl. ebd.).

(4.) Die *zielgruppen- und bereichsübergreifende Sichtweise* kennzeichnet das vierte Prinzip des sozialraumorientierten Konzepts. Damit wird „ein schablonenhafter Blick“ (ebd.) auf vorab definierte Zielgruppen vermieden. Stattdessen werden alle in einem Stadtteil lebenden Menschen – egal ob jung oder alt, weiblich oder männlich, mit viel oder wenig ökonomischen Kapital ausgestattet – in den Fokus gesetzt und aktiv einbezogen. Ein solcher Zugang schließt zielgruppenspezifische Aktionen nicht gänzlich aus, doch er vermeidet vorab definierte Stigmatisierungen (vgl. ebd., S. 10).

Der übergreifende, kontextbezogenen Blick zeigt sich auch in dem ständigen Bemühen, Sektoren außerhalb des engen sozialen Bereichs in die unterstützende und gestaltende Arbeit einzubeziehen und somit äußere Chancen für die Menschen zu erhalten oder (wieder)herzustellen. Die materielle Wirklichkeit der Menschen in einem Wohngebiet wird durch Tätigkeiten im sozialen Bereich nur marginal beeinflusst. Bedeutsam sind hier beispielsweise die Politik von Wohnungsbauunternehmen, die Schulpolitik, die Stadtplanung und Wirtschaftsförderung (vgl. Hinte 2008, S. 11), bei denen die bereichsübergreifende Arbeit ansetzen sollte und worin Chancen zur Verbesserung der Lebenssituation des Gegenübers liegen (vgl. Hinte/Treeß 2007, S. 112).

(5.) Das Konzept lebt von der Bereitschaft, mit allen Akteuren im Sozialraum zu kooperieren. Die dargestellten Prinzipien bedingen nun geradezu eine kooperative Zusammenarbeit der verschiedenen Träger, Dienste, Einrichtungen et cetera und verbieten eine Einengung auf Zuständigkeitsbereiche von Institutionen (vgl. Hinte 2008, S. 11). Dieses fünfte Prinzip der *Kooperation und Koordination* befördert eine „ganzheitliche Sichtweise“ (Hinte/Treeß 2007, S. 75) auf die Lebenssituation der Menschen und auf die Zusammenhänge des Sozialen Raums.

Die konzeptionelle Ausrichtung Sozialraumorientierung mit den fünf dargestellten Prinzipien kann der Sozialen Arbeit in zahlreichen Praxisfeldern als Hintergrund für die Arbeit mit dem Zielhorizont Selbstbestimmung dienen. Die stetige Orientierung am Willen der Menschen als Kern des Fachkonzeptes ermöglicht den Menschen eine selbstbestimmtere Lebensführung. Sozialräumliche Soziale Arbeit agiert nicht mit dem Anspruch der normativen Veränderung der Individuen, was dem oben dargestellten, idealtypisch gezeichneten Handeln mit dem Fokus Selbstbestimmung ähnlich ist. Die Fokussierung am Menschen zielt auf eine Entwicklung der inneren Freiheit ab, indem herausgearbeitet wird, was der Adressat selbst tun kann, um seinen eigenen Vorstellungen und seiner Willensbekundung im konkreten Alltag durch eine folgende Willensumsetzung ein Stück näher zu kommen. Die Schwierigkeit, erst einmal überhaupt einen eigenen Willen entwickeln zu können, wird in dem Fachkonzept allerdings nur selten explizit betont (vgl. Raspel 2014). In der idealtypischen Herangehensweise dieses Buches wird dies konkret erweitert. Soziale Arbeit hat sich auch der Unterstützung der Entwicklung und Ausprägung des eigenen Willens der Adressaten verpflichtet zu fühlen, damit der tatsächliche Wille – die Übereinstimmung von Wunsch und Willenshandlung – als Basis für weitere Handlungen dienen kann.

Die Sozialraumorientierung fokussiert neben den Menschen auch die beeinflussende Außenwelt. In dem Fachkonzept wird die Wichtigkeit der Vergrößerung der äußeren Chancen zur Verbesserung der Lebenssituation der Adressaten herausgestellt, was hohe Schnittmengen mit der idealtypischen Darstellung an äußeren Freiheiten in Kapitel 5.3 aufweist. Auch hier ist vor allem die Tätigkeit an lokalen politischen Entwicklungen zur Vergrößerung von Verwirklichungschancen formuliert, was in den Prinzipien der „bereichsübergreifenden Sichtweise" und „Kooperation und Koordination" sichtbar wird.

7. RESÜMEE

Das professionsethische Prinzip der Selbstbestimmung verpflichtet Soziale Arbeit, ihre primäre Verantwortung bei ihrem Gegenüber zu suchen und diesen dabei zu unterstützen, sein Leben in freier Entscheidung gelingender zu gestalten. Dabei gilt es, das traditionelle Strukturmerkmal von Hilfe und Kontrolle zu überwinden und, anstatt normierend und normalisierend auf die Welt der Adressaten einzuwirken, eine Perspektive einzunehmen, in der die eigene Tätigkeit als Begleitung, Aktivierung und Unterstützung von Menschen angesehen wird, damit diese ihre Kräfte und ihr Vermögen (wieder)entdecken können. Hilfe muss so angelegt sein, dass aus Abhängigkeit Unabhängigkeit werden kann. Es muss auf die Entwicklung des freien Willens der Subjekte abgezielt werden, um ihnen hierdurch die Möglichkeit zu eröffnen, ihr Leben (wieder) selbstverantwortlich(er) führen zu können. Diese eine zentrale Verantwortung bedeutet für die Soziale Arbeit, sich an den Menschen *und* an den gesellschaftlichen Verhältnissen zu orientieren. Denn Selbstbestimmung im Ideal ist nicht nur die Fähigkeit zur überlegten, hindernisüberwindenden Willensbildung, was die subjektive Ebene der inneren Freiheit betrifft, sondern auch zur Willensumsetzung, was sich auf die äußere, gesellschaftliche Ebene bezieht.

Aller Eingebundenheit in Welt, aller determinierender Faktoren zum Trotz, hat der Mensch die Möglichkeit der Entwicklung eines freien Willens, so die Perspektive des agnostischen Kompatibilismus. Das setzt eine reflexive Fähigkeit voraus und verpflichtet die professionellen Akteure in der fallspezifischen Arbeit, ihre Handlungsschritte auf die Entwicklung und das (Wieder-)Finden dieses Vermögens auszurichten. Eine Kultur der Anerkennung und Akzeptanz, jenseits von direkt normierender Einwirkung auf die Welt der Adressaten, spielt dabei in der Beziehungskonstellation ebenso ein zentrale Rolle wie die Schaffung von Orten, an denen die Ausprägung und Entwicklung des Vermögens der inneren Freiheit Bedeutung findet. Die fallspezifische Arbeit, die die komplexen, reflexiven Formen von Selbstbestimmung auf der subjektiven Ebene fokussiert, ist durch fallunspezifische Netzwerk- und Strukturarbeit zu erweitern, in der die Rahmen für die Willensumsetzung eröffnet werden. Die Schaffung von größeren Verwirklichungs- und Teilhabechancen im Sozialen Raum und den Lebenswelten der Menschen durch das Wahrnehmen und Aufmerksammachen auf Missstände durch die politische Einmischung und durch die sozialstrukturelle Veränderung und den Aufbau von Fähigkeitsräumen geben der Sozialen Arbeit das „Politische" und den Menschen die erweiterte Chance auf Willensumsetzung.

Soziale Arbeit muss sich im Zielhorizont Selbstbestimmung folglich als Profession verstehen, die direkt mit den Adressaten arbeitet und zugleich auch an den Verhältnissen des Sozialen Raums.

Die Philosophie des Existenzialismus kann hilfreiche Impulse liefern, einen Gedankenraum zu öffnen, in dem das philosophisch-anthropologische Grundverständnis einer optimistischen, auf die Selbstbestimmungspotenziale der Adressaten und am Willen der Menschen ausgerichteten Sozialen Arbeit reflektiert wird. Das Freiheitsverständnis des französischen Existenzialismus verdeutlicht auf zuweilen radikale Art und Weise, dass ein Mensch in jeglichen Situationen des Lebens, egal wie verstrickt die momentane Lage auch sein mag, die Chance hat, Autor seiner Geschichte und seines Lebensentwurfes zu sein. Keinem Mensch kann diesem Verständnis zufolge die Möglichkeit auf Selbstbestimmung abgesprochen werden.

Die Orientierung an den Menschenrechten, in denen das Recht auf Selbstbestimmung zentral formuliert ist, kann die Legitimationsbasis für unabhängige Urteile und für eigenbestimmte, professionelle Aufträge liefern. Hierdurch kann Soziale Arbeit die Auftragslage „Normalisierung" überwinden und ihre Handlungen auf Selbstbestimmung und Selbstermächtigung der Adressaten konzentrieren.

Die konzeptionelle Ausrichtung „Sozialraumorientierung" stellt den Willen der Menschen in den Mittelpunkt und bietet der Sozialen Arbeit mit dem professionsethischen Prinzip der Selbstbestimmung und Selbstermächtigung einen greifbaren Orientierungsrahmen. Dieser konzeptionelle Hintergrund kann für die Herangehensweise in zahlreichen Feldern Sozialer Arbeit dienen und den in diesem Buch idealtypisch aufgezeigten Inhalt der professionellen Leistung, dass die Menschen ihre (je eigenen) Fähigkeiten für ein selbstbestimmtes Leben ausprägen und umsetzen können, fokussieren.

Selbstbestimmung – dieses hoch gesteckte Ideal, nach freiem Willen über sein Leben entscheiden zu können – bedeutet,

> „äußerem Zwang entfliehen, einem befreienden Selbstbild Einfluss verschaffen, Manipulation abwehren, zu einer eigenen Stimme finden" (Bieri 2007).

All das gehört zum Kampf um Selbstbestimmung und all das setzt die Entwicklung von inneren Fähigkeiten und die Erweiterung von äußeren Möglichkeiten voraus. Soziale Arbeit kann hier unterstützend wirken. Sie muss sich den Adressaten und ihren je eigenen Stärken verpflichtet fühlen und die freiheitsorientierte Grundformel, dass alle Menschen darin gleich sind, ungleich zu sein, ins gedankliche Zentrum jeglicher Handlungen setzen. Selbstbestimmung und die Freiheit des Willens ist etwas Graduelles, was immer wieder verloren gehen kann. Es ist ein Ideal, welches zu erreichen Kraftanstrengungen benötigt. Nur mit dem Vertrauen in das subjektive Vermögen des einzelnen Menschen ist die Erreichung dieses Ideals möglich.

> „Um das Mögliche zu erreichen, muss immer wieder das Unmögliche versucht werden." (Hermann Hesse)

Dies gilt auch für den Zielhorizont „Selbstbestimmung", wozu Soziale Arbeit ihren unterstützenden Beitrag leisten kann.

LITERATURVERZEICHNIS

Adloff, Frank (2005): Zivilgesellschaft. Theorie und politische Praxis. Frankfurt a.M. und New York

An der Heiden, Uwe/**Schneider**, Helmut (2007): Hat der Mensch einen freien Willen. Die Antworten der großen Philosophen. Stuttgart

Beck, Ulrich (2007): Risikogesellschaft. Auf dem Weg in eine andere Moderne. Frankfurt a.M.

Beckermann, Ansgar (2005): Neuronale Determiniertheit und Freiheit. In: Information Philosophie. Heft 02/2005. Lörrach. S. 7–18

Beckermann, Ansgar (2011): Willensfreiheit. In: Jordan, Stefan/Nimtz, Christian (Hrsg.): Lexikon Philosophie. Hundert Grundbegriffe. Stuttgart. S. 305–307

Berlin, Isaiah (1993): Zwei Freiheitsbegriffe. In: Deutsche Zeitschrift für Philosophie 4/1993. Berlin. S. 741–775

Berlin, Isaiah (2006): Freiheit: Vier Versuche. Frankfurt a.M.

Bestmann, Stefan (2007): Der Wille als Weg zum Ziel. URL: http:// www.buergergesellschaft.de/praxishilfen/sozialraumorientierte-interkulturelle-arbeit/essays-und-aufsaetze/der-wille-als-weg-zum-ziel/der-wille-als-weg-zum-ziel/106668, Datum des Zugriffs: 19.05.2012

Bestmann, Stefan (2008): Sozialraumorientierung als Chance? Kritische Gedanken über das ‚Gesellschaftliche' im Handlungsfeld der Hilfen zur Erziehung. In: Musfeld, Tamara/Quindel, Ralf/Schmidt, Andrea (Hrsg.): Einsprüche. Kritische Praxis Sozialer Arbeit in der Kinder- und Jugendhilfe. Baltmannsweiler. S. 79–95

Bestmann, Stefan (2012): Die Kirche im Dorf lassen? Das Fachkonzept Sozialraumorientierung und die Rolle der Kirchengemeinden. URL: http:// www.sozialraum.de/die-kirche-im-dorf-lassen.php, Datum des Zugriffs: 19.04.2012

Bestmann, Stefan (2014): Fallunspezifische Arbeit in sozialräumlich organisierten Leistungsfeldern. In: Fürst, Roland/Hinte, Wolfgang (Hrsg.): Sozialraumorientierung. Ein Studienbuch zu fachlichen, institutionellen und finanziellen Aspekten. Opladen. S. 85–100

Bieri, Peter (2005): Das Handwerk der Freiheit. Über die Entdeckung des eigenen Willens. Frankfurt a.M.

Bieri, Peter (2005a): Debatte: Unser Wille ist frei. In: Der Spiegel 2/2005. Hamburg. S. 48–50

Bieri, Peter (2005b): Wie wäre es gebildet zu sein? Festrede an der Pädagogischen Hochschule Bern. URL: http://www.hwr-berlin.de/fileadmin/downloads_ internet/publikationen/Bieri_Gebildet_sein.pdf, Datum des Zugriffs: 20.12.2011

Bieri, Peter (2007): Wie wollen wir leben? In: Zeitmagazin LEBEN. 24/2007. Hamburg. S. 13–15

Bieri, Peter (2011): Wie wollen wir leben? Salzburg

Böhnisch, Lothar (1982): Der Sozialstaat und seine Pädagogik. Sozialpolitische Anleitungen der Sozialarbeit. Neuwied und Darmstadt

Böhnisch, Lothar/**Lösch**, Hans (1973): Das Handlungsverständnis des Sozialarbeiters und seine institutionelle Determination. In: Otto, Hans-Uwe/Schneider, Siegfried (Hrsg.): Gesellschaftliche Perspektiven der Sozialarbeit. Band 2. Neuwied und Berlin. S. 21–40

Bourdieu, Pierre (1982): Der Sozialraum und seine Transformationen. In: Bourdieu, Pierre: Die feinen Unterschiede – Kritik der gesellschaftlichen Urteilskraft. Frankfurt a.M. S. 171–210

Brockhaus (2005): Selbstbestimmung. In: Brockhaus. Enzyklopädie in 30 Bänden. Band 24. Leipzig und Mannheim. S. 120

Buchheim, Thomas (2004): Wer kann, der kann auch anders. In: Geyer, Christian (Hrsg.): Hirnforschung und Willensfreiheit. Frankfurt a.M. S. 158–165

Bude, Heinz (2010): Ein Prösterchen auf den Existenzialismus. In: Die Zeit. 17.05.2010. Hamburg. S. 21

Camus, Albert (1942): Le mythe de Sisyphe. Paris

Camus, Albert (1951): L'homme révolté. Paris

Constant, Benjamin (1972): Über die Freiheit der Alten im Vergleich zu der Heutigen. Rede vor dem Atheneé Royal in Paris. In: Constant, Benjamin: Werke IV. Berlin. S. 365–396

Dietz, Walter (1994). Sören Kierkegaard. Existenz und Freiheit. Frankfurt am Main

Ernst, Gerhard (2011): Freiheit. In: Jordan, Stefan/Nimtz, Christian (Hrsg.): Lexikon Philosophie. Hundert Grundbegriffe. Stuttgart. S. 93–97

Fehren, Oliver/**Hinte**, Wolfgang (2013): Sozialraumorientierung – Fachkonzept oder Sparprogramm? Aus der Reihe Soziale Arbeit kontrovers. Band 4. Berlin

Galle, Roland (2009): Der Existenzialismus. Paderborn

Galuske, Michael (2002). Flexible Sozialpädagogik. Elemente einer Theorie Sozialer Arbeit in der modernen Arbeitsgesellschaft. Weinheim und München

Galuske, Michael/**Thole**, Werner (2006) (Hrsg.): Vom Fall zum Management. Neue Methoden der Sozialen Arbeit. Wiesbaden

Gerhardt, Volker (2007): Selbstbestimmung. Das Prinzip der Individualität. Stuttgart

Geyer, Christian (2004) (Hrsg.): Hirnforschung und Willensfreiheit. Frankfurt a.M.

Großmaß, Ruth (2011): „Klienten", „Adressaten", „Nutzer", „Kunden" – diskursanalytische Überlegungen zum Sprachgebrauch in den sozialen Berufen. Vortrag in der Ringvorlesung "Aktuelle Fragen der Sozialen Arbeit und Pädagogik". URL: http://www.ash-belin.eu/hsl/freedocs/200/ Diskursanalyische_Ueberlegungen_zur_Zielgruppenbezeichnung_in_sozialen_Berufen.pdf, Datum des Zugriffs: 30.05.2016

Grunwald, Klaus/**Thiersch**, Hans (2005): Lebensweltorientierung. In: Otto, Hans-Uwe/Thiersch, Hans (Hrsg.): Handbuch Sozialarbeit Sozialpädagogik. München und Basel. S. 1136–1148

Habermas, Jürgen (1996): Drei normative Modelle der Demokratie. In: Habermas, Jürgen (Hrsg.): Die Einbeziehung des Anderen. Studien zur politischen Theorie. Frankfurt a.M. S. 277–292

Halder, Alois/**Müller**, Max (1988): Philosophisches Wörterbuch. Freiburg im Breisgau

Herriger, Norbert (2006): Empowerment in der Sozialen Arbeit. Eine Einführung. Stuttgart

Hesse, Hermann (1980): Demian. Die Geschichte von Emil Sinclairs Jugend. Zwölfte Auflage. Frankfurt am Main

Hinte, Wolfgang (1990): Non-direktive Pädagogik. Eine Einführung in Grundlagen und Praxis des selbstbestimmten Lernens. Wiesbaden

Hinte, Wolfgang (2005): Von der Gemeinwesenarbeit über die Stadtteilarbeit zum Quartiersmanagement. In: Thole, Werner (Hrsg.): Grundriss Soziale Arbeit. Ein einführendes Handbuch. Wiesbaden. S. 535–547

Hinte, Wolfgang (2007): Wer beteiligt wen? Willen und Wunsch im Case Management. In: Deutsches Zentralinstitut für soziale Fragen (Hrsg.): Soziale Arbeit. November-Dezember 2007. S. 425–432

Hinte, Wolfgang (2008): Sozialraumorientierung: Ein Fachkonzept für die Soziale Arbeit. URL: http://www.fulda.de/fileadmin/buergerservice/pdf_amt_51/ sonstiges/ Sozialraumorientierung_Vortrag_W.Hinte_28.5.08.pdf, Datum des Zugriffs: 12.06.2012

Hinte, Wolfgang (2014): Sozialraumorientierung – Konzept, Debatten, Forschungsbefunde. In: Fürst, Roland/Hinte, Wolfgang (Hrsg.): Sozialraumorientierung. Ein Studienbuch zu fachlichen, institutionellen und finanziellen Aspekten. Opladen

Hinte, Wolfgang (2016): Doppeltes Mandat, Tripel Mandat, Menschenrechtsprofession – geht's auch eine Nummer kleiner? In: Kleve, Heiko u.a. (Hrsg.): Autonomie und Mündigkeit in der Sozialen Arbeit. Weinheim und Basel. S. 34 -49

Hinte, Wolfgang/**Treeß**, Helga (2007): Sozialraumorientierung in der Jugendhilfe – Theoretische Grundlagen, Handlungsprinzipien und Praxisbeispiele einer kooperativ-integrativen Pädagogik. Weinheim

Honderich, Ted (1995): Wie frei sind wir? Das Determinismus-Problem. Stuttgart

Horn, Christoph (2009): Einführung in die Politische Philosophie. Darmstadt

IFSW (International Federation of Social Workers) (2007): International Definition of the Social Work Profession – Ethics in Social Work, Statement of Principles – Global Standards for the Education and Training of the Social Work Profession. URL: http://ifsw.org/p38000324.html, Datum des Zugriffs: 19.01.2012

Janke, Wolfgang (1982). Existenzphilosophie. Berlin und New York

Kant, Immanuel (1784): Beantwortung der Frage: Was ist Aufklärung? In: Berlinische Monatsschrift 4/1784. Berlin. S. 481–494

Kant, Immanuel (1798): Anthropologie in pragmatischer Hinsicht. Weischedel-Werksausgabe Band XII. Frankfurt a.M. S. 508

Keil, Geert (2009): Willensfreiheit und Determinismus. Grundwissen Philosophie. Stuttgart

Keller, Josef/**Novak**, Felix (1993): Kleines Pädagogisches Wörterbuch. Grundbegriffe – Praxisorientierungen – Reformideen. Freiburg, Basel und Wien.

Kessl, Fabian (2011): Anerkannt und angepasst? In: sozialraum.de (3) Ausgabe 1/2011. URL: http://www.sozialraum.de/anerkannt-und-angepasst.php, Datum des Zugriffs: 09.10.2014

Kessl, Fabian/**Otto**, Hans-Uwe (2006): Soziale Arbeit. In: Krüger, Heinz-Hermann/Grunert, Cathleen (Hrsg.): Wörterbuch Erziehungswissenschaft. Opladen. S. 440–445

Landhäußer, Sandra (2009): Communityorientierung in der Sozialen Arbeit. Die Aktivierung von sozialem Kapital. Wiesbaden

Liessmann, Konrad Paul (2010): Sören Kierkegaard zur Einführung. Hamburg

Lukács, Georg (1971): Die Theorie des Romans. Neuwied und Berlin

Lüttringhaus, Maria/**Streich**, Angelika (2007): Zielvereinbarungen in der Sozialen Arbeit: Wo kein Wille ist, ist auch kein Weg! In: Gillich, Stefan (Hrsg.): Nachbarschaften und Stadtteil im Umbruch. Gelnhausen. S. 135–149

Lutz, Roland (2011). Das Mandat der Sozialen Arbeit. Wiesbaden

Maurer, Susanne (2005): Emanzipation. In: Otto, Hans-Uwe/Thiersch, Hans (Hrsg.): Handbuch Sozialarbeit Sozialpädagogik. München und Basel. S. 373–384

Merten, Roland (2001) (Hrsg.): Hat Soziale Arbeit ein politisches Mandat? Positionen zu einem strittigen Thema. Opladen

Merten, Roland (2001a): Soziale Arbeit im Strudel ihres (politischen) Selbstverständnisses? Eine Einleitung. In: Merten, Roland (Hrsg.): Hat Soziale Arbeit ein politisches Mandat? Positionen zu einem strittigen Thema. Opladen. S. 7–14

Meyer-Drawe, Käte (1990): Illusionen von Autonomie. München und Kirchheim

Möbus, Susanne (2000): Sartre. Freiburg und Basel

Müller, Siegfried (2001): Soziale Arbeit: Ohne politisches Mandat politikfähig. In: Merten, Roland (2001) (Hrsg.): Hat Soziale Arbeit ein politisches Mandat? Positionen zu einem strittigen Thema. Opladen. S. 145–152

Narr, Wolf-Dieter (2005): Menschenrechte, Bürgerrechte, Grundrechte. In: Otto, Hans-Uwe/Thiersch, Hans (Hrsg.): Handbuch Sozialarbeit Sozialpädagogik. München und Basel. S. 1186–1193

Noack, Michael (2015): Kompendium Sozialraumorientierung. Geschichte, theoretische Grundlagen, Methoden und kritische Positionen. Weinheim und Basel

Nuss, Felix (2013): Selbstbestimmung. Soziale Arbeit und der freie Wille. In: Soziale Arbeit 2013/6. Berlin. S. 222–230

Oelkers, Nina/**Schrödter**, Mark (2010): Kindeswohl und Kindeswille. Zum Wohlergehen von Kindern aus der Perspektive des Capability Approach. In: Otto, Hans-Uwe/Ziegler, Holger (Hrsg.): Capabilities – Handlungsbefähigung und Verwirklichungschancen in der Erziehungswissenschaft. Wiesbaden. S. 143–161

Olk, Thomas (1986): Abschied vom Experten. Sozialarbeit auf dem Weg zu einer alternativen Professionalität. Weinheim

Onfray, Michel (2012): Im Namen der Freiheit. Leben und Philosophie des Albert Camus. Paris und München

Oster, Manfred (2005): Die (Un-)Freiheit des Willens aus Sicht der Neurowissenschaften. In: Weber, Joachim (Hrsg.): Können wir, wie wir wollen, oder wollen wir, wie wir können? Die Bedeutung der Neurowissenschaften für Ethik und Praxis Sozialer Arbeit. Mannheim. S. 39–68

Pauen, Michael (2004): Illusion und Freiheit? Mögliche und unmögliche Konsequenzen der Hirnforschung. Frankfurt

Pfister, Jonas (2011): Freiheit. In: Pfister, Jonas (Hrsg.): Klassische Texte der Philosophie. Ein Lesebuch. Stuttgart. S. 37–44

Raspel, Julia (2014): Können Menschen wollen? Philosophische und neurologische Grundlagen für die Debatte in der Sozialen Arbeit. In: Fürst, Roland/Hinte, Wolfgang (Hrsg.): Sozialraumorientierung. Ein Studienbuch zu fachlichen, institutionellen und finanziellen Aspekten. Opladen

Rauschenbach, Thomas (1999): Das sozialpädagogische Jahrhundert. Analysen zur Entwicklung Sozialer Arbeit in der Moderne. Weinheim und München

Rieger, Günter (2007): Selbstbestimmungsrecht. In: Grotz, Florian/Nohlen, Dieter (Hrsg.): Kleines Lexikon der Politik. München. S. 498

Roth, Gerhard (2003): Fühlen, Denken, Handeln. Wie das Gehirn unser Verhalten steuert. Frankfurt a.M.

Ruhloff, Jörg (1979): Das ungelöste Normproblem der Pädagogik. Heidelberg

Sachße, Christoph (2005): Geschichte der Sozialarbeit. In: Otto, Hans-Uwe/Thiersch, Hans (Hrsg.): Handbuch Sozialarbeit Sozialpädagogik. München und Basel. S. 670–681

Salomon, Alice (1926): Soziale Diagnose. Berlin

Sartre, Jean-Paul (1943): L'être et le néant. Essai d'ontologie phénoménologique. Paris

Sartre, Jean-Paul (1946): L'existentialisme est un humanisme. Paris

Sartre, Jean-Paul (1965): Drei Essays. Berlin

Schilling, Johannes/**Zeller**, Susanne (2007): Soziale Arbeit. Geschichte – Theorie – Profession. München und Basel

Seel, Martin (2004): Freiheit als Skandal. Können wir, wie wir wollen? Oder wollen wir, was wir müssen? Die Philosophie streitet mit der Hirnforschung. In: Die Zeit 51/2004. Hamburg. S. 24–25

Sen, Amartya (2000): Ökonomie für den Menschen. Wege zur Gerechtigkeit und Solidarität in der Marktwirtschaft. München

Staub-Bernasconi, Silvia (1995): Das fachliche Selbstverständnis Sozialer Arbeit – Wege aus der Bescheidenheit: Soziale Arbeit als Human Right Profession. In: Wendt, Wolf Rainer (Hrsg.): Soziale Arbeit im Wandel ihres Selbstverständnisses – Beruf und Identität. Freiburg. S. 57–104

Staub-Bernasconi, Silvia (2007): Vom beruflichen Doppel- zum professionellen Tripelmandat. Wissenschaft und Menschenrechte als Begründungsbasis der Profession Soziale Arbeit. URL: http://www.zpsa.de/pdf/artikel_vortraege/StB-Soz-Arb-Tripelmandat.pdf, Datum des Zugriffs: 19.04.2012

Staub-Bernasconi, Silvia (2007a): Soziale Arbeit als Handlungswissenschaft – Systemtheoretische Grundlagen und professionelle Praxis. Ein Lehrbuch. Bern und Stuttgart

Staub-Bernasconi, Silvia (2015): „Wert-Voll in Zeiten der Krise?! In: Becker-Lenz, Roland u.a. (Hrsg.): Bedrohte Professionalität. Einschränkungen und aktuelle Herausforderungen für die Soziale Arbeit. Hamburg. S. 89–112

Stier, Marco (2014): Willensfreiheit. Bestimmt mein Gehirn oder bestimme ich? München und Basel

Stollberg-Rilinger, Barbara (2010) (Hrsg.): Was ist Aufklärung? Thesen. Definitionen. Dokumente. Stuttgart

Theunissen, Georg/**Plaute**, Wolfgang (1995): Empowerment und Heilpädagogik. Ein Lehrbuch. Freiburg

Thiersch, Hans (2003): 25 Jahre alltagsorientierte Soziale Arbeit – Erinnerung und Aufgabe. In: Zeitschrift für Sozialpädagogik. Heft 2. Weinheim. S. 114–130

Thole, Werner (2005): Soziale Arbeit als Profession und Disziplin. Das sozialpädagogische Projekt in Praxis, Theorie, Forschung und Ausbildung – Versuch einer Standortbestimmung. In: Thole, Werner (Hrsg.): Grundriss Soziale Arbeit. Ein einführendes Handbuch. Wiesbaden. S. 13–62

Thole, Werner (2006): Soziale Arbeit, Institutionen der. In: Krüger, Heinz-Hermann/Grunert, Cathleen (Hrsg.): Wörterbuch Erziehungswissenschaft. Opladen. S. 446–453

Trein, Jens (2010): Systemisch-personenzentrierte Pädagogik. Eine Neureflexion des Personenzentrierten Ansatzes nach Carl Rogers aus systemisch-konstruktivistischer Perspektive. Hamburg

Vasek, Thomas (2012): Die Freiheit, die wir meinen. In: Hohe Luft. Philosophie-Zeitschrift 3/2012. Hamburg. S. 16–23

Weber, Joachim (2006): Vorwort. In: Weber, Joachim (Hrsg.): Können wir, wie wir wollen, oder wollen wir, wie wir können? Die Bedeutung der Neurowissenschaften für Ethik und Praxis Sozialer Arbeit. Mannheim. S. 7–10

Wolff, Reinhart (1990): Von der Reaktion zur Prävention – zur konzeptuellen Weiterentwicklung des Kinderschutzes in Berlin. In: Rundbrief Senatsverwaltung für Frauen, Jugend und Familie 2/90: Perspektiven zum Kinderschutz in Berlin. Berlin. S. 21–30

Wuchterl, Kurt (2003): Existenzphilosophie. In: Rehfus, Wulff D. (Hrsg.): Handwörterbuch Philosophie. Stuttgart. S. 348

Ann-Kristin Mull

Ist öko immer gut?

Was Welt und Klima wirklich hilft

2017, 184 Seiten
Klappenbroschur, 14,8 x 21 cm
18,95 € [D/A]
ISBN 978-3-8288-3844-4

Auch als E-Book erhältlich

Wenn wir nur noch »Made in Germany« kaufen, verlieren dann Menschen in Indien ihre Lebensgrundlage? Unterstütze ich korrupte Regierungen, wenn ich Hilfsorganisationen Geld spende? Und gehen beim Wasser sparen unter Umständen die Rohre kaputt?

Ann-Kristin Mull hat zu Alltagsfragen der Nachhaltigkeit Interviews mit 16 Expertinnen und Experten geführt und die überraschenden Antworten dieses internationalen Forscherkreises zusammengetragen. Ihr Buch vereint wissenschaftlich gesicherte Erkenntnisse mit einer anregenden Lektüre und lenkt damit unsere Verbesserungsenergien in die richtigen Bahnen.

Denn: Schon mit relativ geringem Aufwand können wir nachhaltig spürbare und dringend notwendige Veränderungen erreichen.

Ann-Kristin Mull, geb. 1993, hat in Nürnberg und Madrid Design studiert und ist seit 2013 als selbständige Grafikdesignerin tätig. Für ihr Buchprojekt zur Nachhaltigkeit hat die aktive Umweltschützerin zwei Jahre lang geforscht und Interviews geführt und die Ergebnisse in einem übersichtlichen und anspruchsvollen Layout umgesetzt. Ann-Kristin Mull lebt in Nürnberg.

Zeitfracht Medien GmbH
Ferdinand-Jühlke-Straße 7
99095 Erfurt, Deutschland
produktsicherheit@kolibri360.de